大夏书系 | 教育新思考

新时代学校办学品质的提升

北京经验

李雯 主编

华东师范大学出版社
·上海·

图书在版编目（CIP）数据

新时代学校办学品质的提升：北京经验/李雯主编；张祥兰，田彬彬，刘胡权副主编.
—上海：华东师范大学出版社，2023
ISBN 978-7-5760-3829-3

I.①新… II.①李…②张…③田…④刘… III.①中小学—学校管理—案例—北京 IV.① G637

中国国家版本馆 CIP 数据核字（2023）第 073154 号

大夏书系 | 教育新思考

新时代学校办学品质的提升：北京经验

主　　编	李　雯
副 主 编	张祥兰　田彬彬　刘胡权
策划编辑	任红瑚
责任编辑	薛菲菲
责任校对	杨　坤
封面设计	淡晓库

出版发行	华东师范大学出版社
社　　址	上海市中山北路 3663 号　邮编 200062
网　　址	www.ecnupress.com.cn
电　　话	021-60821666　行政传真 021-62572105
客服电话	021-62865537
邮购电话	021-62869887
地　　址	上海市中山北路 3663 号华东师范大学校内先锋路口
网　　店	http://hdsdcbs.tmall.com/

印 刷 者	北京密兴印刷有限公司
开　　本	700×1000　16 开
印　　张	15
字　　数	237 千字
版　　次	2023 年 9 月第一版
印　　次	2023 年 9 月第一次
印　　数	2 000
书　　号	ISBN 978-7-5760-3829-3
定　　价	59.80 元

出 版 人　　王　焰

（如发现本版图书有印订质量问题，请寄回本社市场部调换或电话 021-62865537 联系）

前 言

办学品质提升是学校教育一以贯之的探索主题。学校办学实践可以基于现实情况，借助和寻找各种切入点来聚焦这个主题。2020年初，突如其来的新冠疫情在全国和全世界暴发并蔓延，中小学原来的办学样态和秩序被打乱，学校无法正常开展教育教学活动，学校管理也面临诸多挑战。这给学校办学实践带来了全新的挑战，也引发了诸多问题。如何在这种新情境下找到切实的突破口来提升办学品质，是学校面临的现实问题和核心问题。

解决这些问题的实践路径来自两个方面：一是针对疫情带来的新挑战和新问题优化学校内部管理机制，健全和完善学校的组织机构、岗位职责、管理制度和工作流程；二是针对疫情带来的新挑战和新问题优化学校的教与学，线上线下密切结合，大力推进启发式、互动式、探究式教学，切实开展研究性、项目化、合作式学习。

《新时代学校办学品质的提升：北京经验》正是北京市中小学直面挑战、聚焦问题、锐意开展实践探索的成果。为此，2020年初，北京市教育学会小学教育研究分会组织了以"疫情背景下学校办学品质提升的创新实践路径"为主题的征文活动，面向全市各理事学校的管理者和教师开展征文活动。到2020年10月底，共收到全市中小学管理者和教师提交的征文6089篇，评选出一等奖145篇、二等奖293、三等奖565篇。之后，又从获得一等奖的145篇中精选出36篇，集中呈现疫情背景下北京市中小学提升办学品质的鲜活经验。

本书包括上、中、下三篇，上篇是教育教学改革，共14篇，作者主体是学科教师、教研组长等，呈现了北京市中小学基于疫情带来的严峻挑战和现实问题，科学开展学科教学、扎实推进德育实践、切实优化课程建设、持续加强教师队伍建设、有效促进学生自主学习等方面的创新实践变革。中篇是学生发展指导，共12篇，作者主体是一线教师。下篇是学校管理变革，共10篇，作者主体是包括校长、副校长和中层干部在内的学校管理者，呈现了北京市中小学直面疫情带来的严峻挑战和现实问题，系统设计学校管理的应对方案、科学建构学校管理工作流程、及时优化学校管理的方式方法等方面的创新实践探索。

本书的特点主要有三个：一是新，直面疫情给当前的学校教育带来的新挑战和新问题，聚焦直面这些挑战和解决这些问题的创新实践探索；二是实，文章主题贴近当前的学校办学实际，有突出的实用价值；三是细，文章内容细致，呈现了解决现实问题的细微过程和举措。

本书的目标读者是区域教育行政部门主管、中小学管理者、校长和教师培训者等，能够为中小学办学实践变革、创新与学校品质提升提供整体思路、系统架构和具体指导，也能够为校长、教师培训者提供鲜活的实践案例。

本书由北京教育学院科研处处长李雯教授整体设计，由北京教育学院科研处张祥兰副研究员、田彬彬老师、刘胡权副研究员负责编辑，最后由李雯教授负责统稿和审定。由于研究时间和水平所限，本书内容尚有不足之处，恳请广大读者批评、指正。

目 录
Contents

上篇　教育教学变革

疫情之下学校德育的应对与思考 …………………………………… 003

疫情背景下小学生爱国主义精神培育探析 …………………………… 010

疫情之下的课程体系构建与变革 ……………………………………… 015

疫情背景下教与学的变革 ……………………………………………… 022

聚焦语文主题线上教研，促进教师专业成长 ………………………… 028

问题导向，精准助力，实现疫情之下教研"云"转型 ……………… 037

教研"三步走"让线上教学不再孤单 ………………………………… 044

以云教研为支点撬动教研团队专业成长 ……………………………… 049

防疫期间居家校本课程设计的思考与探索 …………………………… 053

基于学情调研的精准教学设计与实践 ………………………………… 059

"1+5"全学科阅读促主体探究学习 …………………………………… 064

探索云端教学，开展"读写结合"实践活动 ………………………… 072

基于线上学习的语文阅读教学研究 …………………………………… 078

立德树人根本任务下小学数学线上深度学习路径初探 ……………… 083

中篇　学生发展指导

疫情背景下学生综合素质评价体系的健全与实施 091
以"说"促思，提高居家学习实效性 101
培养网课学习习惯，提升居家学习实效 108
做学生居家学习的引路人 116
疫情下提高小学生在线学习投入度的教学策略研究 120
引导学生提出真问题的探究教学方法探索 126
唱好英语作业三部曲，提升学生线上学习实效 131
创新数学作业设计，助力学生"疫"起成长 137
改进居家锻炼策略，有效降低学生肥胖率 142
借助"空中会客厅"促进学生身心发展 149
疫情居家线上学习期间作业评改方式的思考 157
基于小程序视频功能助力学生自主学习的支持策略研究 161

下篇　学校管理变革

疫情防控背景下学校创新管理的实践与思考 ... 169

疫情防控与学校后勤管理机制的探索 ... 174

疫情中成长：把学校变大的云探索 ... 179

"云思维"激活学校管理新动力 ... 186

疫情防控期间学校教学组织和管理工作模式实践 ... 191

疫情背景下线上教学的思考与实践 ... 198

疫情背景下促进学生居家有效学习的校本实施方略 ... 203

建快乐课程，以线上"互动"促融合式学习 ... 210

疫情引发的教师专业发展契机及管理应对 ... 220

以学习者为中心的互联网教育教学实践 ... 226

上篇

教育教学变革

疫情之下学校德育的应对与思考

史家教育集团　李娟

2020己亥庚子之交，中华大地上打起了一场"抗击新冠疫情"的战"疫"，这一年对每一个中国人而言，都非比寻常。北京的学校更是经历了"从放假到延期开学到陆续复课再到居家学习"这一极为特殊的过程，这给学校教育和教师出了一张"没有参考答案的试卷"。学校作为答卷人，面临的最大挑战是如何在既定计划完全被打乱的情况下继续办好人民满意的教育。

一、疫情给学校德育提出的具体问题

疫情发展的每一个时期带给学校德育的挑战都是不同的，大致可以分为四个阶段：疫情初期（寒假中）—延期开学不停学（2月17日）—返校复课（6月1日和6月8日）—再次居家学习（6月15日）。

疫情初期正值中国传统佳节春节期间，当武汉"封城"消息一出，全国陷入恐慌与茫然。在"逆行者"集结之时，网络谣言、哄抬物价、囤积货物等负面消息交织而来，非常时期我们应该给孩子什么样的教育引领？对于延期开学的消息，有人欢喜有人忧，家长、孩子、老师都怀着不同心态关注学校教育动态。原来教育的主导权在学校，如今所有学生改为居家学习，家长成了教育学生的主体，特别是6—12岁的小学生，学习习惯、行为习惯、生活习惯的养成都处在非常重要的时期。该如何指导家长更好地配合学校教育，承担起教育孩子的责任？居家学习的孩子到底该学什么？学生陆续复课前，该如何指导长期居家学习的学生及时调整心态，以积极的心态回归学校生活？复课后，学校的教育需要做哪些调整？面对再次居家学习，学校又该做些什么……

一系列的问题蜂拥而至,有些问题是可预见的,有些是不可预见的。这就要求德育工作者有教育的敏锐度,在危机与逆境中找到教育契机。

二、史家德育应对疫情的方法

这次疫情来之突然,去之坎坷。学校经历了"应急—应变—应学—应用"的过程,在这个过程中,史家教育集团(以下简称"史家")始终强化使命担当、注重家校共育、回归教育本质、培育家国情怀。

第一,应急中强化使命担当,做新时代"劲草真金"。

面对突如其来的疫情,史家党总支第一时间在广大党员群体中发起"胸有家国 怀抱春光"的倡议——带头彰显党员政治本色、教师育人角色、史家立德特色。短短两个小时,249 名党员完成网上宣誓。一天之内建立了 18 个临时党小组,走进六个年级相同班号的 18 个班级社区,100 多天里,每天晚上 7:30—8:00 为学生成长提供帮助。在党组织的号召下,德育部组织班主任报到、少先队报到、各种社团报到、家委会报到……呈现出党群、师生、家校共集结,群情激昂,各尽其责的良好态势。

延期开学期间,学校结合重要节日和纪念日,组织形式多样的主题教育活动,丰富学生的居家生活,滋养学生的道德情操,让史家学子始终抱有立志报国的内驱力、积极向上的学习力、服务他人的行动力。例如:3 月 5 日"学雷锋"纪念日,学校组织"传承家国情怀 争做时代雷锋"活动;3 月 8 日国际妇女节,学校组织"铿锵玫瑰 环聚情深"感恩教育活动;4 月 4 日清明节,学校组织"清明祭英烈 战'疫'铸国魂"主题活动;4 月 22 日世界地球日,学校组织"分垃圾变资源 小创客大变身"主题活动;4 月 23 日世界读书日,学校组织"做孩子阅读的引路人"主题活动;5 月 25 日心理健康日,学校组织"我爱我·用心爱·'疫启'成长"主题活动;6 月 1 日儿童节,学校组织"感悟生命话成长 志在家国共担当"复学第一课等主题活动。从疫情初期到学期结束,所有干部教师坚持教育在全场,更在前场,凸显越是艰难越显担当、越是艰难越能砺志、越是艰难越长才干、越是艰难越出成绩。

第二，应变中注重家校共育，化磨砺为成长滋养。

为应对疫情，学校强化家校携手培养孩子积极向上的态度、主动获取知识的能力，帮助学生塑造正确的价值观，引导孩子将疫情中的磨砺转化为成长的内驱动力。

疫情期间，家长和孩子都不能出门，这给学校提供了充足的时间，去实践和谐课堂里学到的方法，增进亲子感情、开展家庭教育。家长们可以借机培养孩子：面对逆境和困难，保持积极乐观心态的能力；自己管理时间、规划执行的能力；独立自主解决问题的能力；跟孩子一起探讨生命的价值和意义；探讨社会责任和担当；树立人生理想和目标……

为此，德育部率先面向师生和家长进行问卷调研，了解特殊时期家长们的特殊需求，与家庭教育专业机构一同打造"和谐课堂"，向家长有针对性地推送"每日一课"，涉及"疫情、孩子学业、情绪管理、身心健康、亲子关系、人际交往、家校沟通、家长角色、家长成长"九个方面，365个主题课程。"和谐课堂"一经推出，家长们纷纷带着孩子一起践行，平台上也收到了很多留言，表达了课程因需而设，有可借鉴的案例和具体方法，能有效引领家长做好家庭教育。

在应变中以更加科学、有序的居家学习生活，助力改善亲子关系，让教育的温暖通过网络无限地蔓延和生长，全面提升家校协同水平。疫情下的家校共育以课程为平台，引领家长进行专业学习，打通了学校与家庭、教师与家长之间的壁垒，促使双方从"面对面"转为"肩并肩"的教育协作共同体，真正为学生健康成长助力。

第三，应学中回归教育本质，致力学生全面发展。

此次疫情看似逆境重重，可当我们以一个教育者的姿态去看待和思考时，一定会化"危"为"机"。史家人在复杂的社会生活状态中迅速调整方案，回归教育"立德树人"的本质，聚焦"以德养责、以智育能、以体强身、以美育情、以劳育心"，从"课内知识复习与五育并举整合，学校特色课程与国家课程整合，学生居家生活与课程学习整合，社会平台资源与学校课程整合"四个方面，建构了集综合性、实践性、探究性、开放性于一体的课程供给体系，为学生创设了一个可供自主选择的课程超市，致力于学生全面发展。学校倡导学生居家学习"四个一"，即每天集中学习一小时、每天体育锻炼一小时、每天自主学习一小时、每天一个互动分享时刻。

为了打破学生成长边界，解决因居家学习带来的人际交往、学习困难等问题，学校在同班级微信交流群的基础上，增设了基于项目学习、学科学习和相同班号不同年级组成的跨年级班级社区交流群，定期召开网络班会。让学生通过突破学科边界、班级边界、年龄边界、家校边界的交流与分享，为学生生命成长注入无限可能。

第四，应用中还原生活本身，落实家国情怀培育。

史家还有这样一批学生在战"疫"期间一直用自己的行动和方式抗击疫情，服务他人，服务社会。6月初，史家五名学生联名给北京市文物局写的一封"关于对姚广孝墓塔保护工作的建议书"得到了文物局领导和专家的高度重视，这封信被《光明日报》《人民日报》和北京电视台相继报道。

这几名学生是五年级14班"让冷门景点燃起来"服务学习项目组的核心成员。这个项目在疫情的特殊时期能够燃起来不是偶然，是基于学校多年实践打造的服务学习课程，是基于疫情下德育路径快速有效调整后，学生正在实践的结果。

2020年2月1日寒假中，集团各个服务学习项目组按照原有计划应该在假期中和本学期开学后开展线下实践活动，但是居家隔离改变了既定计划。于是，学校德育部联合少先队大队及时拟写了"一封写给服务学习项目发起人的倡议书"，倡议学生关注疫情、做好防护的同时，结合新媒体新网络自主创新开展服务学习内容。倡议一经提出，学生在老师和家长的引领下积极行动起来。"让冷门景点燃起来"项目组就是其中一个，他们积极响应学校的号召，迅速调整计划，将活动由线下转移到线上；核心成员召开网络视频会议，调整计划、查阅资料、发放调查问卷，最后根据调研结果制定了三个线上宣传板块。在"踏访名将墓祠，感悟爱国情怀"这一板块，项目组带领大家线上参观了文天祥祠和袁崇焕祠，了解了他们保家卫国的壮志情怀。在袁崇焕祠，几位同学还挖掘出一个传承十七代守墓人的感人故事。为了缓解疫情带来的焦虑，在"寻访民间工艺，感受文化魅力"板块中，项目组带领大家线上参观北京空竹博物馆和曹氏风筝工艺坊，感受传统民俗文化，给人们的居家生活增添了情趣。在"紧抓社会热点，传承时代精神"板块中，他们结合"口罩紧俏"这一热点，带领大家线上走进防疫先驱伍连德的故居，探寻口罩起源；面对海外华人华侨对祖国的倾情支援，又来到中国华侨历史博物馆，感受中华儿女同心同德的深情厚谊；学雷锋纪念日，线上游览"雷锋纪念馆"；国家安全教育日，参观北京警察博物馆；世界读书日，来到正阳书局；五一劳动节，走进全国劳模时传祥纪念馆。10个历史文化景点，22篇公众号推文，项目组号召全班40多名同学集体上阵，大家各显神通，制作了绘画、书法、故事、朗诵等多种形式的宣传作品共计100余份，大大丰富了公众号的内容，吸引了读者的兴趣，推动了冷门景点的宣传。很多学生在服务学习的项目研究中表达了"疫情过后，一定要去这些冷门景点看看"的愿望。

除此之外，疫情期间，"童心书画 众手传情"项目组发动书画院学生通过书画去记录、宣传那些最美逆行者的动人事迹，讴歌战"疫"先锋，绘制防疫漫画，他们把作品邮寄到北京11个街道44个社区，以画传情，爱心接力；"一路有光 温暖相伴"项目组自主研制了用一壶开水就可以点亮的灯，将温暖与光明带给社区防疫人员；"心解千千结"项目组用小学生能理解的方式报道防疫小常识，讲解"疫情宅家期间的自我管理和科学规划"，帮助人们消除恐惧心理；"小穴位 大健康"项目组创编健身操，号召大家居家锻炼，增强体质；还有宣传姓氏文化、古老的童谣，宣传战旗精神和阅兵精神……四个校区，22个"服务学习"项目，近200次宣传交流活动，涉及爱国教育、生命教育、信念教育、科学教育、道德教育、文化教育等诸多方面，使史家胡同小学的几千名学生在真实的生活中收获能力的成长，感受奉献的快乐，接受思想的洗礼。

这批孩子也在逆境中寻找出一条自主解决问题、自主创新学习、自主开展实践的服务与学习相结合的发展路径。在服务学习中，学生的社会责任感、创新精神、实践能力、团队合作、沟通组织能力都得到极大提升。正如学生们在反思感言中写道："面对疫情这场考验，我们就像风暴之眼，一起学习着、坚持着，努力用我们小小的臂膀撑起一片服务他人、服务社会的天空，与逆行者结伴而行。"

尽管疫情让学生的学习行为转到线上，但学校教育突破了学科边界和时空边界，面向"整体的人"开展育人实践，让"心有温度、行有智慧""勤于学习、乐于创新""学而不厌、挫而不败"的史家学生特质持续生发。

"再炫目的虚拟都无法代替最朴素的真实",在线教学弥补了线下课堂的一些缺陷,但并不意味着可以成为学生学习的全部内容。因此,应该进一步引导学生突破"书本知识是学生全部世界"的认识局限,开展线上学习与线下实践相结合的混合式学习,让整个世界都成为学生成长的教科书。

三、疫情为学校德育明确了工作方向

(一)深入贯彻德育工作的生活逻辑

道德源于生活,内在于生活。德育的最终目的不在于道德,而在于美好的生活。抗击疫情这一特殊时期为德育工作回归生活提供了重要契机,也让教师对德育工作的生活逻辑有了更深刻的认识。正式复课之后,学校的德育必须坚持以学生的真实生活为基础,引导学生学会关注、反思、改变生活,提高他们生活建构的品质和能力,并在此基础上实现道德品质的持续提升。

(二)深入构建德育工作的课程逻辑

延期开学不停学期间,学校充分发挥无边界课程的育人价值,尤其是以"服务学习"为引领,彰显史家学子的责任和担当。在今后的德育工作中,学校德育将继续发挥课堂教学的主渠道作用,将德育内容细化落实到各学科课程的教学目标之中,融入渗透到教育教学全过程,积极进行课程育人的方向性把握、整体性构建、学科性渗透与校本化实践,不断增强德育工作的时代性、科学性和实效性。

(三)深入推进德育工作的实践逻辑

在抗击疫情这一德育实践活动中,学生不再是道德生活的"旁观者"或"局外人",而是以一种"当事人"的心态,从道德规范的"知晓"转向道德行为的"志行",不断践行着史家"志在家国 学无边界"的育人导向,在逆境中厚植家国情怀。在今后的德育工作中,学校将继续推进德育工作的实践逻辑,赋予德育时代的意义和精神内涵,促使学生不断实现学习和行为的统一,将道德观念内化为所认可、所信奉的行为规范和价值准则。

（四）深入关注德育工作的协同逻辑

反思整个疫情期间的教育工作，不难发现日常对学生的生命教育、健康教育、心理教育之重要。为让教育效果呈现良好态势，家校必须做到理念共育、教育共为。当生活和学习中遇到突如其来的变化与挫折时，无论是学生，还是家长、老师，都能以积极的心态面对生活和挑战，保持对生命的尊重和珍惜，始终坚持把学生的生命安全和身体健康放在首位的成长理念，这是教育人的职责与使命，也是未来德育工作始终需要坚守的，家校同行，家国才可同兴。

疫情迫使学校的常规教学按下"暂停键"，但是，史家人按下了育人品质提升的"快进键"和教育思考的"重启键"。史家学子在学校、家庭、社会等不同的教育场景中，化磨砺为成长滋养，在合作探究的学习力、立志报国的内驱力、五育蓬勃的生长力等方面都得到有效提升，在逆境中坚定了理想信念，厚植了家国情怀，未来一定可以担当起复兴中华的时代重任！

疫情背景下小学生爱国主义精神培育探析

北京市海淀区培星小学　杜娟

一、疫情背景下小学生爱国主义教育的现实意义

2020年初春，新冠疫情席卷中国，无数英雄舍生忘死奔赴抗疫前线，与严重的疫情做殊死较量，铸就了生命至上、举国同心、命运与共等伟大抗疫精神，展现了高度的爱国主义情怀。在疫情背景下，重视并加强爱国主义教育刻不容缓、势在必行。习近平总书记指出："实现中华民族伟大复兴的中国梦，是当代中国爱国主义的鲜明主题。"[①] 只有将爱国主义教育贯彻教育全过程，才能厚植家国情怀，增强小学生爱党、爱国、爱社会主义的意识与行动。

北京市海淀区培星小学是一所部队子弟学校，70年的厚重红色历史以弘扬爱国主义情怀、传承民族精神为根基与主旋律。独特的育人理念为在疫情背景下开展爱国主义教育奠定了坚实的基础。抓住丰富内容，利用有效资源，切实对小学生进行爱国主义精神培育，有助于其坚定爱国信念，增强爱国情怀；开展爱国行动，更有利于让所有小学生明确自己在新时代肩负的使命与责任，从小立志向、有梦想、爱学习、爱劳动、爱祖国，做到德智体美劳全面发展，长大后做建设祖国的有用人才。

爱国主义教育在小学生思政教育工作中占据突出位置。通过查阅资料发现，国内学者对于爱国主义教育的研究丰富且深入，但重点多倾向于在大学生群体中开展爱国主义的研究，对小学生开展爱国主义教育的研究较少，对于疫情背景下小学生爱国主义精神培育的研究更是少之又少。基于此，结合

---

① 习近平. 习近平主持中共中央政治局第二十九次集体学习[N]. 人民日报，2015-12-30.

疫情背景，在小学生中开展爱国主义教育的研究，具有重要的时代价值和现实意义。

二、疫情背景下小学生爱国主义教育的创新路径

（一）树立疫情背景下开展爱国主义教育的正确认识

爱国主义始终是凝聚中华民族、推动中国发展的伟大精神动力，是中华民族最深厚的民族情感和精神支柱。任何一个国家、民族要发展繁荣，走向现代化，离开了爱国主义都是不可能的。对于小学生而言，他们身心发展还停留在半成熟阶段，对其进行爱国主义教育十分有必要。特别是在疫情背景下，小学生亲历了中国这次重大公共卫生事件，通过学校德育教育、新闻媒体报道等途径，深切感受到中国在这场战役中取得的伟大成就，感受到中国精神、中国力量、中国速度。爱国主义既是理论教育，也是实践教育，借助此次疫情对学生进行爱国主义教育，能进一步培养学生的责任担当与家国情怀，对于弘扬民族精神与时代精神具有重要的现实意义。

（二）丰富疫情背景下开展爱国主义教育的内容体系

自疫情发生以来，全国上下万众一心，共克时艰。习近平总书记亲自指挥，年过古稀的钟南山院士和李兰娟院士、一批批医护工作者舍生忘死奔赴武汉，奋战在抗击疫情的最前线，他们是拯救民族危亡的时代英雄。武警官兵、社区工作者、社会各界志愿者保卫着祖国的大后方。人民教师也迎难而上、恪尽职守，肩负起"停课不停学"的重任。绝大多数中国人在疫情期间都在用点滴行动诠释着伟大的抗疫精神。习近平总书记强调："伟大抗疫精神，同中华民族长期形成的特质禀赋和文化基因一脉相承，是爱国主义、集体主义、社会主义精神的传承和发展，是中国精神的生动诠释，丰富了民族精神和时代精神的内涵。"这些英雄人物、先进典型以及生动的事迹就是弘扬伟大抗疫精神、开展爱国主义教育最好的教材。不仅如此，对新时代少年儿童进行爱国主义精神培育，还要充分挖掘中华民族传统文化的内涵与精髓，使其感受传统文化的魅力，从而坚定自己的爱国主义信念。

基于此，在"停课不停学"阶段，学校德育处以民族精神教育为切入点

构架出"停课不停学"期间的德育课程框架。以基础课程和特色课程的形式，每周为学生推送学习资源，包括每天一小时的劳动课、每周两小时的传统文化课、每周两小时的民族精神课程。其中，民族精神课程以爱国主义教育为核心课程，涵盖生命健康教育课程、生态环保教育课程、志愿奉献教育课程等。通过这些丰富的课程内容，引导学生爱党、爱国、爱社会主义，懂得责任担当，学会自主自律，有效落实了特殊时期的育人目标。

线下学习阶段，学校结合重要节日、纪念日，如开学典礼、教师节、"九一八"事变、烈士纪念日、国庆节等，开展弘扬抗疫精神，传承红色基因主题教育活动。

（三）创新疫情背景下开展爱国主义教育的实施形式

在"停课不停学"阶段，实施爱国主义教育的形式显得尤为重要，针对学生年龄特点与性格特点，"互联网+"的形式很好地将爱国主义教育生动化、儿童化地展现出来，让学生乐于参与活动，自主接纳爱国主义思想、激发对祖国的热爱之情。德育处带领教师们积极教研，以家庭为教室，借助互联网开辟"云活动""云课程""云班（队）会"，通过学生喜闻乐见的形式立足当下抗击疫情的现实，充分挖掘爱国主义精神的实施元素，开展爱国主义教育。

1. 红色润童心，递进式的"云活动"

疫情之初，学校开展"致敬英雄，为你喝彩"主题教育活动，引领学生用独特的方式学习英雄事迹。于是，一幅幅画像、一首首歌曲、一篇篇诗作应运而生。每名学生都能在老师的带领下，在家长的指导下，初识这场疫情，学习其中的榜样先锋事迹，并努力践行。

防控关头，学校开展"童心战'疫'，彰显情怀"主题教育活动。这项活动最开始由五（4）班发起，他们致信学校，号召全体学生都参与进来。学校借助微信公众号进行活动倡议，引导全校学生学习抗疫典型事迹，通过手绘抗疫纪念章的活动形式，向所有抗击疫情的"白衣天使"致敬。一次号召，由一位班主任带动一个班级，一个班级带动一所学校，一呼百应，全校一半以上的学生积极主动参与。学生不再将自己置身事外，不再将自己仅仅作为这次疫情的被动接受者，而是通过一个个小活动，感知、体会、践行，学生的责任感与使命感逐步增强。纪念章征集完毕后，学校少先队大队带领小干部在艺术教师的指导下，甄选出优秀的纪念章发布在公众平台上，让大家投票选出心中最美的纪念章。此项投票活动还得到了海淀教委宣传科的大力支持，不到一周，点击量高达一万。投票结束后，学校汇总排名前十的纪念章，通过线上形式发布展示，并发送给湖北美术家协会征集援鄂医护人员纪念章活动组。线下开学后，学校大队将评选出的最美纪念章印制出来，作为珍贵的礼物赠送给在疫情期间为学校做出卓越贡献的医护工作者，令这场网络上的云颁奖更富有教育意义。

"从小学雷锋，长大做先锋"主题教育活动在3月5日的"学雷锋"纪念日开展起来。在疫情中学雷锋是一种别样的体验，学生的活动扩展至社会，他们有的用自己的零花钱为武汉捐款，有的为社区的保安赠送慰问品，有的为街道的值守人员送去暖宝宝。学生用自己的实际行动诠释了当代的雷锋精神、志愿者精神，在系列化、递进式的爱国主题教育活动中，懂得责任担当，增强家国情怀。

2. 摇身变主播，童趣式的"云班（队）会"

战"疫"初期，学校少先队大队承接海淀区微队课的录制，五位中队辅导员摇身变主播，录制了五节线上微队课。通过每天十分钟的微课堂，帮助学生了解抗击疫情的"白衣天使"的非凡事迹，学习他们的榜样精神；学习科学防疫的常识和方法；懂得居家学习的基本方法，成为"停课不停学"的重要成果。

随后，全校班主任积极行动起来，人人担当活动主播。每个年级的班主任依据学生年龄特点，开启了独具匠心的"云班（队）会"。活动的前期筹备、中期实施、后期延伸，老师、学生及家长在线上积极参与每个环节。

以四1中队的"云队会"为例，中队辅导员韩老师以"心系祖国，战'疫'有我"为主题开启了"云队会"。前期，韩老师带领小干部，在家委会的帮助下，通过微信、视频会议等网络通信工具讨论确定主题，完成"我骄傲，中国速度！""我致敬，最美逆行！""我见证，全球同心！""我聆听，党的领导！""我传承，中国精神！"五个环节的内容设计。"云队会"如期而至，辅导员与队员集体上线，共同活动。规范的队仪式、热烈的小队讨论、辅导员的及时点拨、活动后的感悟思考，所有的活动环节都是队员所熟悉的，唯一的不同就是将活动场地搬到了互联网上，这也要求队员要以更强的自律性自主参与。每位队员线上谈感悟环节，使活动更具实效性，队员通过学习更加爱党爱国，也意识到人人都要为抗击疫情做一些己所能及的事情。家长对于在疫情期间开展这样的云端教育活动也表示认可与肯定。

三、结语

习近平总书记指出："爱国主义是中华民族精神的核心，爱国主义精神深深根植于中华民族心中……激励着一代又一代中华儿女为祖国发展繁荣而不懈奋斗。"[1]引导广大少年儿童树立正确的理想信念，增强爱国情怀，造就社会主义建设者和接班人是一项重要的工作。特别是在疫情背景下，结合德育教育对小学生进行爱国主义精神培育，坚定他们对国家的热爱之情，增强社会责任感，更具有划时代意义。

---

[1] 习近平. 习近平主持中共中央政治局第二十九次集体学习[N]. 人民日报，2015-12-30.

疫情之下的课程体系构建与变革

北京市东城区灯市口小学　滕亚杰

课程是教育思想、教育目标和教育内容的主要载体，是学校教育教学活动的基本依据，是保障育人质量的关键。2020年，一场突如其来的疫情阻挡了线下教学的脚步。为了建立与疫情相适应的教育教学秩序，整体统筹、有序开展教育教学工作，学校的课程体系构建也随着疫情带来的全民抗疫，进入到主动变革的新阶段。从线下教学的轨道切换至线上教学的轨道，加速了新的课程体系的构建，推进教学计划实施，用更开阔的视角、更灵活的方式，发挥课程育人功能，培养学生综合素质，落实立德树人根本任务。

一、因需施教，构建课程资源包

因材施教、有教无类是我国伟大的教育家、思想家孔子提出的。"互联网＋教育"可以促进因材施教的最大化，以学生为中心，制订个性化学习方案，使学生自主选择学习内容，安排学习进度，开展小组合作学习等。疫情期间，灯市口小学优质教育资源带在"让每一个生命绽放光彩"的办学理念下，以"生本、自主、开放、创造"为课程文化，在学校三大板块、六个层面的多元课程体系的基础上，提出构建"课程资源包"的概念，采用线上线下相结合，自主组合课程的学习方式，重视学生自我管理能力的培养，激发学生的自主能动性、内动力、探索的精神，实现因材施教、因需施教。

二、基于不同阶段的课程体系变革

学校课程构建要紧紧围绕培养目标实施。2020年4月，北京市教委发布《北京市教育委员会关于做好 2020 年春季学期中小学课程教学工作的通知》，要求整合课程资源，探索大概念、大单元、任务群等新教育模式。因此，灯市口小学优质教育资源带在保证国家规定课程开足、开齐的基础上，进行跨学科整合，在延期开学期间第一阶段、延期开学期间第二阶段以及线上学科教学阶段分别构建，并不断完善了"停课不停学"课程框架。

（一）组合课程资源包，激发学生自主力

在延期开学期间第一阶段，学校的课程资源包构建原则是：学生在家学习生活的内容以培育和践行社会主义价值观学习、复习巩固知识、探究型研究性学习、阅读经典文学作品、加强体育锻炼、爱眼护眼、心理健康、参加家务劳动等为主，注重音乐、书法、美术等美育活动，陶冶艺术情操，坚持五育并举，因材施教、减负增效、居家学习的原则。

学校构建的资源包课程包括学科基础课程和活动拓展课程两大部分，其中，学科基础课程包括德学天地、文海拾贝、思维训练、"英"歌"阅"语、艺术畅想、阅读"悦"读和趣动空间七大板块。活动拓展课程包括我型我秀和你问我答互动交流（见图1）。涵盖道德与法治、语文、数学、英语、艺

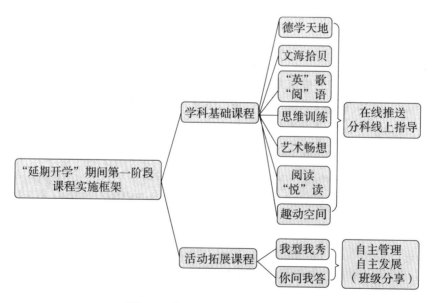

图 1　延期开学期间第一阶段课程实施框架

术、体育、阅读、心理、卫生健康以及班会等内容。教师们通过录制并发布微课,供学生自主选择,并召开主题校会、班会,帮助学生自我管理、自主发展。鼓励学生开展兴趣爱好、家务劳动等活动。采用线上线下相结合的学习方式,做到全学科覆盖,分科指导。

(二)完善课程资源包,提升学生自主力

从"7"到"10",梳理重组课程资源包。为凸显"健康第一、面向全体、五育并举、自主发展、家校协同"的原则,延期开学期间第二阶段的课程学习资源包根据学校自身特点,保留了文海拾贝、思维训练、"英"歌"阅"语、艺术畅想、阅读"悦"读五个板块,补充重组更新了明理育德、中轴文化、科技创意、强体修心、家校 e 联盟五个板块,共十个板块课程群(见图 2)。

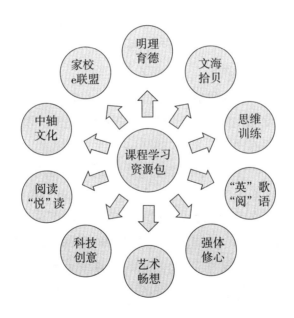

图 2　延期开学期间第二阶段课程学习资源包

从"10"到"53",板块课程群更具系统性。每个板块课程群里的课程变得更加系统、丰富,更具综合性、探究性。比如明理育德板块课程群包括道德与法治课程、班队会课、我说新闻、红领巾广播、影视欣赏和 e 博物馆六门课程。比如阅读"悦"读拓展为全学科阅读，包括科幻阅读、学科绘本等。根据学校研究的课题，还增设了中轴文化板块，学生可在网上、书籍中查找资料，通过参观 e 博物馆、动手制作等方式进一步了解中轴线上的历史与变迁、人文与故事、建筑与科学等。十大课程板块共包括 53 门课程，给学生更大的选择，是给学生提供的课程点选单。学校还通过微信号向家长介绍，以帮助学生做好点选。课程多不是目的，让学生学起来、有收获才是根本。

从"53"到"3"，老师、学生、家长携手成长。为了凸显家庭教育的重要性，改版"家校 e 联盟"课程板块，下设"我要提问""我是家庭小主人""家长课堂"等课程。关注学生心理健康，积极引导家校共育，突出家长课堂和劳动教育的内容。学校提出学生要"会学"，老师要"引路"，家长要"培育"，真正实现联动、激发、分享。53 门课程构筑了学生、老师、家长"三位一体"共同发展的成长资源平台。

（三）学科教学＋发展课程，养成自主好习惯

进入线上学科教学阶段，学校课程体系结合市级教学资源进行了补充和完善，包括基础课程和发展课程两大部分（见图 3），基础课程使用的是北京市"空中课堂"提供的道德与法治、语文、数学、英语等四个学科的课程资源，以及原有"课程学习资源包"中的强体修心板块，采用学生点播学习，教师答疑指导的方式进行教学。发展课程沿用了原有"课程学习资源包"中的明理育德、艺术畅想、科技创意、阅读"悦"读、中轴文化、家校 e 联盟六个板块，内容按照《北京市中小学 2020 年春季学期课程安排指导意见》《北京市小学入学适应教育阶段学科教学指导意见》进行适当调整。线上线下教学优势互补、科学衔接、有序实施课程教学计划。采用线上线下相结合，自主组合课程的学习方式，坚持五育并举，全面落实立德树人根本任务。

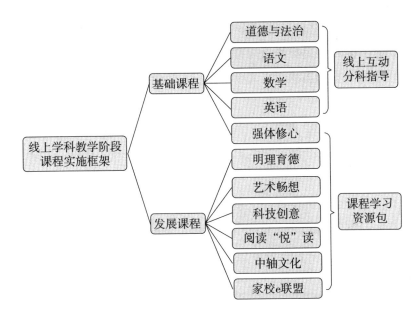

图3 线上学科教学阶段课程实施框架

三、课程资源包的实施效果

育人目标要靠课程去体现，要靠课堂去实现。疫情期间的课堂就在学生居家学习生活中，因此，学校为学生提供了延期开学期间居家学习生活课程建议，学生可以选择按照课程建议去做，也可选择自主安排一日学习生活。根据学校提供的课程资源包，自由选择组合课程，绘制个性化的"作息时间表"，做自我管理的主人。同时，老师、家长再给予适当引导。例如，在延期开学阶段，通过"居家学习生活情况"的调查问卷，了解到100%的学生从"课程资源包"中选取了课程，49.3%的学生将学校推荐与自主安排的内容进行了有机整合，充分发挥了自主性，提升了自我管理能力。

（一）德育为先，上好人生大课

生活即教育，疫情正是一堂最值得学生好好学习的"大课"，是一次难得的塑造价值观和促进人格成长的机会。学校抓住这个特殊的教育契机，把灾难当成教材，重视孩子的思想教育和心理健康指导，引领学生敬畏自然、珍爱生命、心存仁爱、常怀感恩、树立公民意识和家国情怀、自主学习、与好习惯交朋友等。学校召开校会、班会，以多种形式开展爱国主义教育、思想教育，还有老师发挥特长运用自媒体的音频节目，号召学生向古今中外的那些有勇有谋、有担当的"小人物"学习，让学生明白面对疫情，没有"小人物"，只有"大责任"。在学校、老师的带动下，学生们面对疫情展现出了昂扬的斗志和良好的心理状态。他们创作了《灯小师生共抗疫情》《白衣英雄赞》等快板作品，鼓舞了师生士气，为抗击疫情贡献了自己的力量；用隶书、楷书、行书等字体书写着"中国加油""武汉加油"；用绘画小报等方式向战斗在一线的医务工作者和社会各界人士致敬；编创了歌曲《我是防疫好榜样》《防控疫情我做到》，京剧唱段《抗击病毒保平安》，向学生普及防控知识；致敬身边榜样，给坚守在一线岗位的爸爸妈妈写一封信等。学生在这场人生大课中树立了家国情怀，强化了人类命运共同体的意识与担当。

（二）师生互促，夯实知识基础

疫情之下，课程资源框架根据学生需求不断调整、完善。在延期开学阶段，学生以复习巩固已学知识为主，"停课不停学"，德智体美劳全面发展不停歇。进入"线上学科教学"阶段，则要按照国家课程标准、教学进度，学习新知。这就需要教师的有效辅导和学生的自主学习双重努力，才能使学生的居家学习效果得以保障。据统计，以一个月为例，围绕道德与法治、语文、数学、英语四个学科，学生的作业及成果展示覆盖率高达99.76%，教师对学生的个性化辅导达29381次，集体答疑1631次。有效的沟通、频繁的反馈与指导，使学生在居家学习期间仍能按照国家课程标准掌握应学的知识和技能。

（三）以体育德，强健其体魄

以体育德是学校倡导的理念，因此在强体修心板块课程中，体育组的老师们推出了居家体育运动系列视频，比如趣动空间，体育老师录制的居家体育锻炼系列，辅助学生进行体育锻炼，每天上午下午各运动半个小时，引导学生居家锻炼要科学，坚持养成好习惯，提高身体免疫力，保证"每天一小时体育锻炼"。还举办了"篮球，我的朋友"网上篮球挑战赛、"灯"峰造极"云端"运动会等，丰富学生居家学习期间的生活，增强学生身体素质，引导学生树立科学锻炼习惯，调整心理健康状态。

（四）以美育心，以艺搏"疫"

以美育心是学校倡导的艺术教育理念。疫情期间，学生通过多种艺术方式展现了共抗疫情的信心和致敬英雄的感恩之情。除了"艺术畅想"板块的课程学习，学校金帆合唱团、金帆话剧团、金帆书画院、京剧社等社团也坚持训练，开展线上社团活动，继续举办校级网络音乐会、书画展、朗诵会，并录制《妈妈，我爱你》《有你就幸福》《阳光总在风雨后》等合唱视频，通过公众号传递正能量，充分发挥活动育人的作用。

（五）自理自立，提升居家劳动能力

学校一直重视从小培养学生的劳动意识、自理自立的能力，提升学生综合素养。除了劳技课，学校每月坚持开展校园公益日，每学年坚持"以废换绿"垃圾回收及植树活动。在疫情期间，如何利用学生居家学习条件，开展家庭劳动教育方面的实践课程呢？教师们通过录制"我学一道菜""学做十字绣"等微课，帮助学生规划并设计"我"的自理时间等，教育学生自己的事情自己做。学生在打扫卫生、洗衣服等家务劳动上有所成长，并学习了时间规划等，学生参与劳动，走进真正的生活，不但丰富了居家时光，更学到了许多生活本领。

总之，疫情的出现给教育改革带来前所未有的挑战与机遇。新形势下的教学模式、课程体系应运而生，基于教育云服务的课程资源变革，有助于教学质量的提升。但只有秉承大课程观，结合疫情防控的真实情境，进行国家、校本课程的有效开发和实施，才能满足学生的学习需求，因需施教，让学习与成长真实发生。

疫情背景下教与学的变革

首都师范大学附属顺义实验小学　马继杰　刘锐

一场突如其来的疫情，将传统的教室课堂教学搬到了线上，建立起云中教室。没有了固定的教学场景，没有了师生实际面对面的交流讨论，学生的学习方式被重塑，习惯于三尺讲台的教师们，也不得不摇身一变成为"主播"，一场教与学的变革突然掀起。疫情期间，教师们在云端进行着一次次的尝试和探索，力求做到线上和线下无缝衔接，及时发现学生居家学习出现的问题，找到相应的解决方法并及时解决。

一、小组交流解决作业问题

作业问题一直是困扰教师的一个重要问题，在居家学习期间变得更为棘手，出现了"家长管不了，教师够不着"的现象。为了解决疫情期间学生的作业问题，教师进行了一系列尝试。一开始，学生们每天在"小打卡"小程序上打卡，分享自己假期里的作业、手工作品、绘画作品、体育锻炼、学会的一道菜等，就像朋友圈一样。刚开始大部分家长都会在"小打卡"上分享孩子的假期生活，但是过了一段时间后，家长分享的热情开始慢慢消退。可能是在大群里的缘故，有些家长和孩子羞于分享。针对这个现象，语文组教师首先在语文学科上把全班分成五个小组，每天小组交流，分享自己的学习和假期生活，教师及时点评，发现互动的效果特别好，学生和家长的积极性一下子被调动了起来。因为不能强制学生进行作业打卡，所以，刚开始班级只有三分之一的学生在大群里发数学作业。因此，数学组教师进行了讨论，觉得数学也应该采取小组交流的形式，果然收到了很好的效果——绝大部分的学生每天都会在小组群里分享自己的作业。通过与家长交流发现，很多家长喜欢跟随其他家长，见别的孩子发作业，自己也会跟着发，慢慢地，一个班就被带动起来。

小组交流打卡的形式有时也会收到意想不到的效果。例如，有一个学生的反应很慢，线下学习时，他的作业总是不能按时完成，需要老师一遍又一遍地催促，但是在疫情期间，他每天都能按时交作业。因为他看到小组群里大家都在发作业，觉得自己也要向其他同学一样，每天要给老师发一篇日记，虽然日记里记录的都是特别简单、朴素的事情，而且每篇日记里都有错别字，但是他每天都在坚持写。疫情期间，他变得积极主动起来，老师们因为他的进步为其颁发了电子奖状，得到奖励后，他变得更积极了，疫情期间的每一次作业都完成得特别认真。每一个学生都希望得到老师的肯定和表扬，一味地责怪和批评只会让他们失去信心，更加厌倦学习。老师要善于发现每个学生的闪光点，不断地激励和表扬他们，他们也会像这个学生一样，在居家学习期间收到比在学校学习时更大的进步。

又如，有一个学生的自制力特别差，居家学习期间，如果没有家长在旁边督促，几乎不会自己主动学习。学生妈妈为此特别发愁，甚至有了辞职回家看孩子的打算。老师们通过与学生妈妈进行沟通，知道了该学生存在的问题，就主动和学生进行了视频聊天，面对面与她谈了谈学习的重要性，并与其做了一个约定——每天早上 10 点之前将前一天的作业私信发给老师，有问题可以随时和各科老师联系。老师们每隔两天就要和这个学生视频一次，发现问题并及时解决。通过一次次面对面的鼓励、引导，这个学生开始积极主动地完成作业，学习也变得主动起来。学生妈妈特别感动，表示老师们都没有放弃，她更不能放弃。在家长和老师的共同鼓励下，该学生进步很大，作业完成情况好了很多，自己还写了一首小诗《你好武汉》，登上了学校的公众号，学生和她的妈妈看到后都特别高兴。

学生们变得积极后，就把家长和老师紧紧联系在一起，家长们也实实在在地感受到学校的用心，从而大力支持学校的工作。回到线下学习，我们也应该保留这种小组交流的形式，通过小组交流让学生了解到其他学生的学习情况，激发他们学习的积极性，利用视频聊天的形式定期与学生交流讨论，及时发现学生出现的问题，及时解决，家校共育，帮助学生茁壮成长。

二、直播分享做好榜样示范

疫情期间，为了帮助学生更好地安排自己的居家学习生活，有的班级每周三都会利用钉钉上的直播平台举办"我是小主播"的分享活动，连续举办了八期，收到了非常好的效果。这件事其实酝酿了一周多的时间，刚开始只是看到其他班级的美篇分享，觉得这样的形式特别好，就想发动班级孩子也整理一下自己的收获。开始只是小范围地发动，用榜样带动其他人。看到美篇后，有的家长表示别人做得太好了，担心自己家孩子做不了这么好，但当美篇被制作出来后，家长们惊奇地发现：这么一整理，孩子的假期收获还真不少！当把这些孩子的美篇分享到班级讨论群里时，其他家长也跟着做了起来，在美篇上整理孩子假期的收获，陆陆续续带动了 21 位家长。其中一位同学的美篇还被学校推送到顺义区课改群，这样一来，家长和学生就更有积极性和动力了。既然学生们的收获这么大，不让他们讲一讲就太可惜了。所以，班级老师又想进一步推进，这就产生了周三晚上的直播。

选择直播的形式，为的就是调动学生居家学习的积极性，做好榜样示范。为了防止第一次遭遇冷场，教师们先找了九位"小主播"分享自己的假期收获，在收到良好效果后，便将这个活动推向了全班，举办了第一期面向全班的"我是小主播"活动。直播内容可以是读书分享、"你好，武汉"主题汇报、才艺展示、劳动（或手工）技能展示、体育技能展示、假期作业分享、家庭趣事分享、防疫知识小讲座、"我"最得意的一件事……主题由学生自己定。活动预计 30～40 分钟，每期 10 个小主播名额，每人的直播时间控制在三分钟内，在群里接龙报名。

令人特别意外的是，第一期的报名特别火爆，前 10 位小主播的名额很快就报满了。看来家长和孩子太需要一个窗口跟大家进行分享了。第一期的分享收到了意想不到的效果，学生们的积极性一下子被调动了起来，直播还没结束就有学生强烈要求报名第二期，说要来一段脱口秀，很快第二期名额就报满，学生们又开始报名第三期。疫情期间，通过直播分享做好榜样示范，对于带动全班居家学习气氛起到了关键作用。回到线下学习，其实每周还可以定期举办这样的"小主播"分享活动，让学生分享自己这一周学到的知识，调动学生线下学习的积极性。

三、教师及时充电不断提高自己

疫情期间，教师们的办公也变为居家办公，但教师们不能因为居家办公就放松了对自己专业能力的提升。疫情期间，学校开设了《新教育在银河》专题系列讲座，并组织教师学习，讲座涉及教育的很多方面：打造校园文化、缔造完美教室、家校合作共育等。浓厚的学习氛围下，有压力才有动力，当整个讲座都学完以后，每位教师都收获颇丰。作为一位新教师，缺乏经验是最大的短板，站在巨人的肩膀上可以看得更远，学校提供的优秀讲座就是这些新教师假期补齐短板的捷径。

每一次学习都有很多地方受到触动，我常常思考银河实验小学一些好的方法可不可以应用到自己班级中。比如，在学习了第三讲"营造书香校园"——把每一间教室都建成图书馆时，感受到让孩子爱上阅读的重要性——把最好的书籍，给最美的童年；把最好的时间，给最重要的阅读。然后便想到班级还没有书架，之前学生们带的书也都放到整理箱里，下课后他们也看不到。所以开学后，班级的首个任务就是要设立一个阅读角。最近一次感触特别深的是第十讲"家校合作共育"。课程中提到了教育的理想境界：学校与家庭的无缝对接，老师与父母的心意相容。老师和家长的联系、沟通真的很重要，尤其对新教师而言。刚接手一个班级时，老师与家长的联系较少，部分家长开始不是很配合工作。此时可以通过一些家校活动加强与家长的联系，比如，2020年的元旦联欢，就有三分之二的家长参与进来。当老师和家长熟悉了后，再遇到沟通不明白的地方就去向有资历的老师请教，同时，主动联系家长，以了解学生在家的学习生活状态，家长感受到老师关心孩子后，也会主动和老师分享孩子成长的点滴，支持老师的工作。

教师的职业成长是需要不断学习、不断充实的，教育最可怕的事就是一群不读书的人在拼命教一群读书的人。疫情期间的教师培训让教师们发现云端的很多优秀教育资源，可以帮助自己快速站稳讲台，提高自己的专业能力和专业素养。

四、线上教学"金点子"应用于线下教学

（一）提前定"规矩"

通过五个月的线上学习，学生居家学习的状态需要注意，部分学生因为父母工作忙，学习上缺乏监督，在线上上课时，不用直接面对老师，下意识就会对上课的严肃性产生"误解"，尤其是居家学习期间。线上学习时，老师以为学生拿好了电脑，正襟危坐，面前摆好了课本、笔和纸，殊不知，他们可能是把电脑放在床上，摆出各种姿势进行听课。这就会大大影响学习的效率，所以从一开始就非常有必要明确学生的上课规矩，提前定下"规矩"，包括课前"三个好"：设备提前调试好，学习资料摆放好，精神状态调整好；课中"三及时"：及时登录平台，及时记录笔记，及时询问不懂之处；课后利用钉钉或者微信进行学习反馈，不会的及时问。一些好的习惯学生要保持到线下学习中，每天制订好学习计划，高效率完成。

（二）随时"抽查"学习状态

线上学习时，老师可以随时抽查学生，直接视频通话，抽查学生上课和答疑时的学习状态，让学生觉得老师时时在关注他/她，从而提高学生学习的专注力。线下学习期间，老师可以利用建立好的学习小组，每天进行组内交流学习，发挥榜样的带动作用。对于问题较多的学生，老师更要实时关注，如，可以采取视频聊天的形式，掌握学生在家里的学习状态，通过视频聊天的形式也可以增加老师与家长沟通交流的机会，形成家校合力，帮助学生解决遗留的问题。

（三）及时与家长联系，反映学生的学习情况

教师要及时向家长反映学生的学习状态，尤其是疫情期间。线上教学很容易出现教师够不着，家长不会管的现象。这时，教师要及时和家长联系，如果学生这段时间作业完成的质量很差，答疑时的状态很差，教师要尽快与家长联系，让家长督促、提醒一下孩子；也可以当着家长的面，和学生直接视频谈话，让学生知道教师是会和家长联系的，自己居家学习的状态教师也会知道，让学生对线上学习产生敬畏之心。

五、结束语

"过程+反思=成长",线上教学的一些宝贵经验非常值得总结和反思,暴露出来的一些问题也需要教师利用线下环境及时解决。突如其来的疫情加快了教与学的改革,不仅是学生的学需要改革,教师的教更需要改革。教师和医生一样,是一份对专业能力要求极高的职业,这就需要教师不断提高自己的专业能力和素养,能够从学生身上发现问题,并能找到行之有效的措施来解决问题。

聚焦语文主题线上教研，促进教师专业成长

首都师范大学朝阳小学　白婧

一、线上教研的基础保障

自 2019 年 5 月初，首都师范大学朝阳小学（以下简称"首师朝小"）的语文团队便开始邀请各位专家参与到主题教研活动中。仅专家参与的主题教研活动，两个月内就开展了 13 次。学校借助微信公众号平台，对每一次教研活动进行了分享，记录了教师的成长轨迹。

在线上教学这个大背景下，需要迎接的挑战很多，教师们在前期遇到了不少困难。下面是教师在反思中所写的真实困惑。

疫情期间的线上教学，近 50 岁的我对于要用网络上课还是有些抵触的。可形势所迫，网络上课势在必行。于是，我硬着头皮，认真地听王洋老师的培训，课下对照 PPT 再研究，有不懂的地方，及时请教年轻教师。

——绳世昌

在这之前，我们做了充分准备，经过王洋老师的帮助以及自己的研究后，我可以熟练地使用钉钉软件进行线上教学，并且细心地帮助组内教师解决软件使用的问题。

——罗亚娟

除技术难点外，也有一些教师担忧微课怎么录、学生不自律怎么办等实际问题，此时就需要学校给予教师们一些前提保障。而这些前提保障也是为后期线上教研打基础、做准备。

（一）技术培训到位，实现技术转接

无论是线上教学还是教研，都存在技术转接的问题。所以，学校的技术培训应及时开展。学校在 2020 年 4 月初开始线上教学前，便让计算机老师学习录制课程软件，钉钉平台直播软件以及美篇、剪映等分享学生作业成果软件的使用。之后，计算机老师在线上全体教师会上为全体教师详细讲解了这些软件如何使用。每一位教师在此过程中，对软件的选择和应用有了初步了解，为线上教学和教研打下了基础。

（二）听课评课到位，实现课程转型

以往在教室中进行的课程变成了没法真正见到学生的线上课程，这对于教师和学生来说都是一次全新的挑战。而进行听课诊断，梳理出问题，再依托问题统筹设定教研主题成为线上教研的前提保障。

学科教学主任每周会进入两三位老师的钉钉课堂，听一听他们的线上课程。而每个年级主任在这个时候也发挥了很大的作用。他们会经常进入同年级组教师的课堂进行听课诊断，并且即时反馈。

线上教学期间，教师每周都要记录的工作记录表，包括每天的教学内容、目标、效果、困惑等。在填写时，教师会有一些厌烦情绪，但是回观本学期的工作，发现记录表很有预见性和价值。首先，学科教学主任可依据这张表格走进相应的班级，有准备、有目的地进行听评课，诊断教学目标是否达成、学生的听讲状态等内容，以把控线上教学的质量。其次，学校可以及时了解教师每天的困惑，这也成为后期教研的主题内容。只有真正基于教师的实际问题，解决教师的实际困惑的教研才是真教研。

在听课诊断的过程之中，可能会出现循循善诱的经验型老教师经验"失灵"，而创新型、善于运用软件的教师慢慢脱颖而出的情况，优秀教师在这个时期可能会被重新定义。例如，有些老教师因为不会使用软件或无法直面学生授课，做什么都需要请教新教师；一些年轻教师反而用美篇、小视频、电子奖状等方式激励学生、促进学生，久而久之，学生就越来越喜欢学，越来越有学的动力。所以，无论年轻教师还是老教师，找到顺应教育发展的策略、善于创新才能成为优秀的教师。

（三）资源共享到位，实现空间转场

除课程转型之外，教学资源的获取还存在空间转场的问题，转移到网络平台上，便更适合共享共学。所以，资源共享务必要到位。首先，每位教师将线上教学前录制的微课上交，以便积累素材资源。其次，由主任教师和教学领导层层审核，逐一评价，并及时在微信群或线上会议中进行赏析，取长补短，相互学习。例如，学校特色课程——"课外书导读和分享"课也录制了微课。这类课程可以实现班级之间、年级之间的资源共享，减轻教师录制微课的压力。这也是一种形式的线上教研，以实现教师之间相互赏析，相互学习。

（四）专家引领到位，实现角色转变

学校一直非常重视教师的成长提升，即便是在线上教学、教研期间，每次大教研都会请专家参加指导。提前联系专家，确定教研时间已经成为一种常态。每周定期举行与专家对话的线上教研，也存在着角色转换的问题。相关内容将在教研行动路径方面根据具体事例进行阐述。

二、主题式线上教研的行动路径

语文团队线上教研的行动路径为：启动（统筹安排，确定主题）—预备（团队备课，深入思考）—对话（思维碰撞，头脑风暴）—复盘（内化自省，重塑自我），以此实现教师教育教学能力真正意义上的提升，最终使学生获益。

（一）启动——统筹安排，确定主题

首先，借助腾讯会议平台，通过线上教研启动会的方式让每一位教师意识到线上教研的价值和对自身提升的意义，意识到线上教研的迫切性与必要性，以营造良好的教研氛围。

其次，基于在教研保障阶段听评课时教师遇到的实际问题，确定了基于"问题导向"的主题线上教研活动，促进学科课程研究的"深入"与"拓展"双延伸。设置主题教研活动计划表，是希望在教研前能够让教师们明确分

工和责任，做到有条不紊地进行教研。基于已有且未解决的问题进行深入研究，设置了"聚焦案例分享，提升日记赏析能力"的主题教研活动。例如，学校"特色日记赏析"课程中关于习作能力提升的优化策略，借助和专家的五次线上教研有了很大改善。基于教师在实际教学中的困惑以及学校特色的拓展，设置了"聚焦语言转化，探究读写结合"的主题教研活动。例如，聚焦课内阅读教学中语言的转化内容与专家进行了四次教研。

另外，疫情期间，学生拥有了大量的读书时间。推荐什么书、怎么阅读也是教师和学生的困惑所在。基于这样的大环境和实际情况，学校针对部编版语文教材"快乐读书吧"教学内容进行了一系列的主题教研。

（二）预备——团队备课，深入思考

预备阶段是以"深入阅读＋聚焦思考＋对话碰撞"为行动路径，意在实现三级联动。预备是从个体到群体再到共体的过程。

第一个层面，自主备课，查阅资料，进行深入阅读。在这个特殊的时期，教师也有了更多阅读的时间。所以，借助教研的契机来培养教师的阅读意识是十分有必要的。在自主备课的过程中，大家会聚焦教研主题，查阅文献和相关阅读资料，提升辨别性阅读能力。依据自己的思考，甄别阅读内容的价值性，并进行深入思考。

第二个层面，构建微型学习共同体，进行比较阅读。教师之间形成两个人或者三个人为一组的学习共同体，将自己查阅到的资料共享，进行比较阅读，共同商讨。

第三个层面，团队备课，借助智慧提升自我。延续以教研组为单位的集体备课模式，在每次与专家对话之前，首先要做的便是团队线上教研备课。

前几次与专家教研之前的团队备课我并没有太多参与，经李芳校长提醒后，便加入到各年级组的备课活动之中。这个活动让我收获很多。首先，我的角色在发生转变，以前只要备好自己的课就可以，现在需要关注的是整个团队的语文教学，从而又多了一份担当和责任感。其次，因为每个年级组的教研模式不尽相同，所以我在参与过程中吸收了很多好的教学策略和管理方法。比如，一年级的曹四平老师，作为主任教师，每次备课都是让四位老师同时准备一节课的教案，进行同课异构，力求创新；二年级的李雪老师，经常会将自己生活中的所见所闻以及近期阅读的文章分享给大家,使教师们的思路得以拓展;六年级的陈红霞老师非常善于调动组内每一位教师的参与度和积极性,经常有创新的想法。

每一次参与,都让我感受到首师朝小团队的凝聚力。每一位教师都在借助他人的智慧提升自己。"大雁精神"真正体现在了团队合作之中。同时,我也在不断反思,发现自己欠缺很多,静下心来阅读和思考,提升专业素养便是我接下来的努力方向,这样才能够带领语文团队走得更远。其实,在线上经历教研备课的每一位教师,都或多或少有着和我一样的体验和感受,这便是线上教研的意义和价值。

(三)对话——思维碰撞,头脑风暴

确保线上教研效果的核心在于实现教研互动。真正的对话发生在认真钻研的基础之上,是智慧与智慧的碰撞。在分享交流的过程中,以实现知识共享,悦纳彼此,重塑自我。

每次教研前,我都会在群里提示老师们开始的时间、教研的内容、思考的问题等,鼓励老师们积极交流发言,调动大家的积极性。

每次教研中,我会借助签到表,记录老师们的参与情况和发言情况,做到心中有数。

每次教研之后,我会针对本次教研的情况和效果做详细的总结,并通过微信群进行分享,以便大家明确教研活动的优点以及不足之处,在下次教研时改进突破。

同时,公众号上也会及时刊登分享教研内容和老师们的发言情况。通过这样的时时记录、及时反馈以及公众号的刊登表扬,慢慢地,老师们的角色也在发生着转换。首先,从参与者变为体验者,主动承担课程,不再有太多的畏难情绪。其次,从倾听者变为表达者。前几次活动,大家因为不适应线上教研,不敢发言,没人说话,导致教研氛围十分冷清。但后来的教研活动上,老师们总是积极发言,抢着表达想法,敢于并乐于展示自己。从提出疑问到思考解决策略,有着很大的突破。最后,从旁观者到思考者。老师们更加意识到阅读和学习的重要性。

(四)复盘——内化自省,重塑自我

确保线上教研效果的关键在于实现复盘反思。教师每月都会写日志和反思,并借助公众号按照学科或者年级组进行分享。而线上教研之后的内化梳理更为重要。因为每次线上教研只有短短几个小时,但浓缩了大量的知识、教学策略及先进理念,及时梳理反思才能理解、顿悟,才能举一反三、触类旁通。比如,以"日记赏析"为主题的线上教研活动结束后,每一位教师均立足于课程进行梳理,最终书写了6万余字的思考内容。

除此之外,在线上教学期间,学校根据各年级组公众号发表的内容,梳理呈现不同的线上教学策略和方法,以此达到相互学习,相互借鉴的目的。公众号资源是一笔宝贵的财富,为了让每位教师能够认真浏览公众号上的内容,得以真正提升,学校开展了全学科互读、互赏、互评、互鉴日志反思的活动,希望教师们针对其中几篇对自己有触动的日志反思,记录下自己的心得和收获。

三、线上教研的价值

(一)教师角色的转型,倒逼教师成长

线上教研让教师们意识到,在现代教学过程中,既需要学科专业的支持,也需要信息技术的融合,并将其有效运用于实际课堂之中。所以,信息技术与学科融合是时代发展的必由之路,需要教师不断丰富自我,终身学习,成为研究型、工匠型教师。

于是,在线上教学期间,为培养、敦促教师严谨笃学、爱岗敬业的精神,提高教师基本教学技能和应用信息技术软件的能力,更好地在这个特殊时期引领学生成长,学校开展了对各学科教师的基本功评价展示活动。语文学科基本功活动包含五项内容:教学微课课件制作、钢笔字、诵读/电影配音、书籍导读分享微课和影评。每位教师从中挑选四项内容参与。

统筹安排后,教师以年级组为单位按时上传,经过主任教师和教学主管一一审核后,按照低、中、高年段分享于学校公众号中,以彰显教师魅力,促进师生共同成长。以下为公众号中展示的部分作品。

"虽有嘉肴,弗食,不知其旨也;虽有至道,弗学,不知其善也。"美味之食与至真之理都需亲身实践方可有所受益。千年前戴圣就已如此告知世人,也因此得出"教学相长"的理论。对于教师而言,"教学相长"便是实现教学水平提高的有效途径之一,老师通过多样的基本功成果分享来提升自己的语文素养。而学生因疫情居家,在这期间,通过阅读公众号中老师的作品,也深受鼓舞,语文学习的热情高涨。学生也在用实际行动紧追老师的脚步,通过书籍导读、朗诵、自主练字等方式充实发展着自己的语文能力,并在班级微信群中自主开展读书分享会,设置相应话题,相互碰撞,分享思考,呈现共同成长的态势。

教育的成果并非一天能够达成,它是时间累积的生命与生命的影响。在线上教学的特殊时期,教师不得不更加充实自己,学习更多技能,与学生共同学习,保持进取的状态。通过这样的方式,学生能看到老师在行动,学习之路有陪伴;能看到老师在感受,学习之困不难解;能看到老师在经历,收获分享多欣喜。

于是,教师的角色从之前的教导者变为陪伴者和欣赏者,不断敦促自己提升自身能力,同时唤醒学生的学习动力。

(二)聚焦主题式教研,呈现延续性和系统性

较线下教研来说,线上教研更易开展系统性且延续性的主题式教研活动。线下教研更适合学生参与其中的课程展示,听课诊断;而线上教研更适合针对一个主题进行深入分析和理解,把握教学理念和方向,真正解决教师的困惑,从而促进教育教学能力的提升。

主题式教研活动指教研组(教师)把平时教学中遇到的问题,经过整理、归纳、提炼,筛选出具有典型意义和普遍意义的问题,并把问题转化为自己研究的课题。之后以课题研究来统率教研活动,把课题落实到教研活动中,从而形成合作、交流、共探、共享的教研活动模式。

学校在线上教学期间进行了三次主题式教研活动,分别依据教师在实际教学中出现的困惑或问题确立主题,经过对话与智慧的碰撞,最终得以解惑。比如,语文学科聚焦"快乐读书吧"进行的主题式教研,以二年级教研为例进行说明。

在二年级团队主任教师的组织下，首先，统筹安排，确定时间节点。组内教师研究制定了备课时间计划表，在每一个时间点上做到有条不紊。其次，同课异构，群策群力。四位教师每人针对"快乐读书吧"的教学内容进行自主备课，呈现四份教案，同课异构，力求创新。最后，团队备课，碰撞交流。二年级团队在一周的时间内进行了三次"线上教研"备课，每次长达三个小时。

在教研时，专家曾指导教师要广查文献，先读再教。因此在开始前，由其中一位教师向听课教师进行儿童故事与童话故事文献及概念的梳理，辨析了二者的异同之处。之后二年级组内教师共享了录制的微课内容，绘声绘色的讲解和图文并茂的设计，为大家呈现了一个活泼且有感染力的微课视频。每次教研，学校副校长都会全程参与，并做最后总结，表达肯定，提出希望，可见学校对线上教研十分重视。

教研过后，全程录制的教研视频会共享到语文微信群中，以便教师反复观看；新教师主动要求梳理线上教研实录，以供大家二次学习。低段（一、二年级）教师对本次教研活动进行了所思所得的文字梳理，借此内化提升。公众号及时梳理分享，以系统记录学校教研大事记。

二年级的线上教研过程只是一个缩影，每个年级在进行"快乐读书吧"主题式教研时，均按照此路径开展，并针对年级特点加以创新。正是这样延续性、系统化的主题式教研活动，才能够使教师们在对话中唤醒潜能，激发出心底的那份力量；才能够使每一个人的再生力得以最大化发挥，从而在教研过程中享受尊严、感受成长。用智慧提升团队能力，用情感维系团队氛围，这一直是首师朝小各个学科秉承的团队文化。

（三）参与者多元且广泛，形成立体化网络教研格局

1. 搭建校际共建平台，建立校际间学习共同体

在线上教研过程中，唐山市英华实验小学的教学主任和教师也参与到学校活动之中，打破了距离的局限，实现了共同对话、共同提升。教育教学资源覆盖面更广，个人成长资源更加多元，实现了由个人走向学校，由学校走向区域。

2.家长、学生、教师齐参与,让教育教学贴合实际

线上教研中,家长、学生及教师均参与到北京师范大学组织的线上交流活动中,探讨线上教学相关问题及事宜。让学生和家长参与到教育改革、教学评价和考核中,让教育教学更贴合学生的实际,才能更好地促进家校合作,使学生真正获益。这也形成了立体化线上教研新格局。

正如彼得·埃利亚德所说的:"未来不是一个我们要去的地方,而是一个我们要创造的地方;通向它的路不是人找到的,而是人创造出来的;走出这条路的过程,既改变着走出路的人,又改变着目的地本身。"如果可以把线上教研和线下教研有机结合,设定不同的教研任务和问题,那么一定会促进教师的教学技能与个人素养螺旋式上升。只要开拓进取,细致思考,敢于创新,一定会开创出更加优化的线上教研和线下教研相结合的混合教研新模式。

问题导向，精准助力，实现疫情之下教研"云"转型

北京小学长阳分校　雷宇　孙雪娜

一场新冠疫情，给传统的课堂教学模式按下了暂停键。面对线上教学和传统课堂的巨大差异，很多一线教师难以适从，创新教研工作变得刻不容缓。面临新挑战，学校围绕"为什么研""研什么""怎么研"等关键问题，精准助力，制订学校教研工作整体设计与实施方案，聚焦学校教研改进目标，推进定期"云"沟通、打造"云"路径、优化"云"管理的教研实施体系，有效实现疫情之下教研"云"转型。

一、定期"云沟通"，基于问题导向做教研

（一）前期调研，下好家校沟通的"先手棋"

在这个非常态教育情境下，了解并解决教师、家长、学生所遇到的困惑与问题，就成为开展线上教研的首要任务。学校每周都会利用全体教师会、促委会意见征集、班级一对一家校沟通、问卷星即时调研的方式进行问题征集。一方面向老师、家长宣传教育部、市区教委在延期开学阶段的原则性要求；另一方面通过对各项数据的梳理分析，得到"教师缺乏在线教学课程设计与实施的能力""大部分家长在延期开学期间具有协助老师在家指导学生学习的时间""学校布置学习任务的时间不宜过长"等六大类建议和诉求。

学校通过梳理，确定了疫情阶段亟待解决的重点问题为：

（1）教师线上教学设计与实施能力的专业提升。

（2）线上学习质量的效益提升与保障。

（3）学生居家自主学习习惯及能力的培养。

（4）学生心理健康及体质提升。

（5）亲子关系建设的实效性研究。

（二）中期交流，持好高频问题的"放大镜"

实施两周多后，学校利用促委会意见征集、班级一对一家校沟通、问卷星即时调研的方式进行问题征集，并结合教研专家的阶段性指导进行自省，梳理了此阶段的主要问题。这些问题主要聚焦在同课次软件切换频繁、课堂教学规范与学习效率有待提升以及师生互动策略有待优化等。

（三）定期回访，定准校本教研"靶心点"

线上教学逐渐平稳后，结合每周学习任务实施情况，学校利用"线上对话直通车"专栏，面向班级促委会征集的家长对延期开学工作的意见和建议，做到定期回访，以便有针对性地改进；同时通过学科组下组干部了解教师在教研工作中的意见和建议。通过采纳"多方建议"，聚焦线上教育教学质量的关键问题，使得学校在完善学生学习生活指导内容与形式方面有了更为精准的改进与优化。

二、打造"云路径"，探索校本教研实施模式

针对线上教研与教学中的问题，学校在调研的基础上围绕"教师线上教学与研究能力的专业提升""学生自主学习习惯及能力的培养""线上教学质量的效益提升与保障"三大主题开展了主题教研，打造"云路径"，探索"三研"策略，引导教师遵循"找准变化—明确目标—任务规划—瞄准核心—寻找助力"的研修思路开展分级教研。

（一）干部"研"策略

引领教研重点。线上教学阶段，为了帮助教师摆脱职业孤独感，做好特殊时期教师专业成长的引领，学校基于原有常规教研机制，规范教研时间及流程，学科备课组采用课后即时教研的方式，年级组采用每周一总结的方式推进。同时调整教研重点，做到三个聚焦策略：教什么——指向学校整体课程设计；怎么教——指向各学科线上教学实施；教得怎么样——指向线上教

学质量评价与学生实际获得。

做好跟进指导。第一,以"学科+年级"为混合单位跟进。每位中层以上干部负责一个学科组和一个年级组,加入相关组的微信群和钉钉群,按课表进行常态线上听评课,参加相应学科组的组内线上教研和班级班会等,矩阵式跟进线上教学期间的常态教育教学工作。第二,以问题导向为研究跟进。陪伴过程中及时发现问题,利用中心组会进行分类汇总,对于重点问题进行集中研讨。第三,以协助指导为助力跟进。干部作为教师线上教学路上的陪伴者和引领者,要从"找问题"转变为"给方法",再从"给方法"逐渐让教师自主"研策略",提升教师自觉参与变革的能力。

(二)学科"研"方法

结合线上教学实际需求,学校以区教研室为引领、以学校四级教研为主体、以各教研组为基本单位,发挥教研联动的作用,做实"四项功课",引领教师做好学科教研。

功课一:做实顶层设计

为了提升教师线上教学的实操流程,明确教研实施路径,学校以学科组为单位开展集中教研,做好顶层设计,即六个统一(见图1)。做好组内顶层设计,团队步调一致,让教师不慌乱,让家长不慌张,让学生不慌忙。

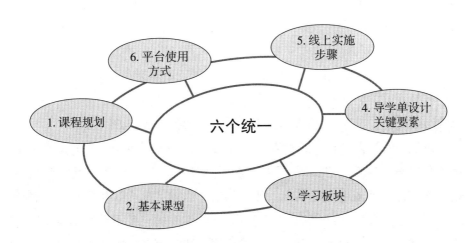

图1 学科课程顶层设计:六个统一

功课二：夯实关键环节

围绕教与学的关键环节，主要聚焦在核心内容梳理、任务单设计、核心问题设计、教学实施改进。学生学习的关键环节在于线上学习习惯养成、学生的深度参与、学习效果的提升等方面。为了夯实关键环节，学校在以下几方面进行了尝试：

一是"研"学科基本课型，提高线上课堂实效。为了帮助教师有效开展线上教学，依据学科特点及线上教学需求，各学科梳理了线上课型。规范线上教学流程，让教师有法可依，推进学科教学线上实施。

二是"研"学科任务单，给学生提供学习支架。除了每周五下发给学生的周任务单外，教研组需要借助学习通平台建构学科课程任务，根据整合、重组后的教学进度细化线上课程任务点，如科学学科线上课程任务设计。之后，要研磨导学任务要素，并依据要素设计完整的学习任务，完成学生新知学习与任务达成的闭合环。教师重点提供学科课程任务单和导学单，通过备课组研磨，确定导学单撰写要素：课题、学习目标、课前预习任务（或学具准备）、课上学习任务（每课辅助学习单）、线上练习任务、课后实践任务（三年级至六年级）。

三是"研"学法指导，用问题引领深度思考。线上学习阶段，学生的深度参与是制约课堂教与学质量的关键之一。为了让学生居家学习也能获得深度思考的体验，北京小学长阳分校借助学校发现、提出问题研究，设计有效追问，让问题引领学生深度思考。例如，在学习完"小数的性质"后，鼓励学生发现、提出问题，如学生提出"为什么只能在末尾添0或去掉0"。围绕这个问题，鼓励学生以学习小组为单位开展云端对话，让学生在研究中再一次深刻理解背后的变与不变。教师的"研"带动了学生的"研"，直击本质的问题促进了学生的理解，也为教师的教学积累了鲜活的经验。

四是"研"多样任务，培养学生综合素养。为了减缓学生居家学习的焦虑与紧张，提升学生综合素养，在课程任务设计中，教师基于学科特点，创新开发了多形式的学习任务，如语文组的"追光"作文报、体育组的"线上运动会"、音乐组的"云合唱"、科学组的"我是种植小能手"等活动，有效激发了学生和家长的参与热情，让学生在有限的空间里体验无限可能。

功课三：对接优质资源

延期开学期间，市区级优质资源大量涌入，教师在资源使用时出现无法取舍的现象。为避免教师盲目选择、简单堆砌，学校利用教研组开展了以"线上课程资源的选择与开发"为主题的研讨活动，帮助教师梳理了优质资源的使用方法，提升教师对学科课程、教材及课堂教学的内化。

（1）"空中课堂"等市级资源利用：采用"卷入式"课例研修的方式，通过对名师课堂、教学实录的学习，重点开展片段解读，掌握执行教学设计的要点，如教学目标、重难点的制定、师生活动的设计目的、学生学习材料准备的价值及教师评价语、过渡语的使用等，帮助教师分解任务要素，以加深教师对优质课堂教学设计的理解。

（2）区级课程资源利用：结合《房山区小学学科教学指导意见》中的教材进度安排及教学建议，重点研究学科各单元的教学安排及单元整体备课设计的意图，帮助教师科学地整体把握教材及学科实施特点，达成疫情特殊时期的教学进度及质量。

（3）校级资源开发与使用：在市区课程资源的研磨与使用基础上，学校鼓励各学科教师围绕本学科课堂教学中的重点、难点、拓展点开展自录微课的方式，供不同水平的学生进行"菜单式"选择。这样的短视频便于学生及时观看、内化知识、提升能力，最大程度地帮助每一位学生能够有所进步与提升，巩固线上学习的效果。

功课四：做好智慧输出

为了使教研组和学科教师的优秀经验得以分享和推广，夯实常规线上教学基本功成果，学校为教师搭建了线上教研展示平台：利用微信新闻搭建学科组常规展示平台，将各学科的三笔字基本功练习、常规组内线上交流、学生学科作品展示等进行报道；同时聚焦线上直播课的教学范式研究。在2020年5月11日，学校开启了第六届"启航杯"教师线上教学课例及策略评优活动。各学科组教研精准教研内容，靶向清楚，百花齐放，有效促进线上教育智慧的总结与提升。

疫情期间，学校共组织集体教研12次，学科群即时研讨多次，7名教师参与北京市"空中课堂"资源建设，承担北京市高质量微课课例备课、录课任务，共计20节，获得好评。各学科教师积极参与区级课程资源建设，录制区级资源共计70节，完善各学科课程任务单及导学单，参与校级课程资源微课录制共计307节，有效丰富了学校学科课程资源。

（三）年级"研"路径

干部采用"全程融入"的方式，参与所带年级组的教研和管理，利用备课组日教研机制，聚焦"组内备课—线上教学—作业批改—每日答疑—家校沟通"这几项关键环节开展讨论，每日梳理发现的问题，并及时做好改进。同时做好四个助力：（1）常规例会梳理每日流程；（2）制定班级公约培育良好习惯；（3）利用班级特色活动凝聚班级合力；（4）开展正副班、家长促委会、小干部会议等微论坛多维助力。

三、优化"云管理"，为线上教研提供保障

线上教学阶段，学校结合延期开学阶段"全学科＋大德育"居家融合性自主学习模式的成功经验，依托"1234"线上教学管理路径，不断完善线上教学阶段各项工作举措，为线上教研提供助力。

（一）明确一个方向

线上学习阶段需要依据课程标准、课时计划有序地开展学科教学，重视学生基础和核心知识的学习以及学科能力的培养，要将重点放在教材内容结构化、学生学习活动设计和提供学习支持服务上。

（二）启用两个平台

线上教学，选择易于操作、功能全面的APP是关键。在区教委信息中心的指导和帮助下，经过前期调研，两个软件同时使用，互为补充：超星"学习通"上有丰富的课程资源，同时能够记录孩子的学习轨迹及效果；可以帮助学生在线学习、随堂练习、参与讨论、上传作业等，实现教师对学生线上学习"全过程"管理。"钉钉"则用于直播教学，包括签到、上课、作业布置，通过"四段式"线上授课流程，开展在线直播答疑，真正实现从知识中心向学生中心转化，弥补了超星"学习通"在各学科答疑过程中不能多班级、同步、即时互动等方面的不足。

（三）设计三个评价量表

一是设计了教师线上教学行为标准评价表。为了规范教师线上教学行为，学校研磨并制定了《北京小学长阳分校教师线上教学行为标准暨评价细则》，即"线上教学30条"。此评价细则主要针对"教学目标、课程内容设计、资源利用、线上教学组织、教学效果"等几方面进行反馈。二是设计了学生自主学习评价表。帮助学生把目标、任务清晰化，引导学生从"签到""作业""综合性任务提交""两操"等几个方面做好自我评价。三是设计了家长阶段性评价调研表。为了与家长形成合力，定期开展关于学生线上学习情况的问卷调研，了解学生在家学习的基本情况，并做好针对性指导。

（四）执行四项机制

一是课前预告机制。为了使学生及家长对每周、每天学习任务心中有数，学校每周末发放"一表一单一包"。二是每日、每周教研总结机制。领导小组为了全面了解各学科、各年级线上教学推进情况，依照"备课组—教研组—校务会"的流程逐级召开教研总结会，沟通和解决工作运行中的问题。三是干部下组巡查督导机制。为了有效指导各年级组、学科组的工作，领导小组干部全部"下沉"到班级群、学科课程平台、视频直播教学间等，对学科教学工作进行监督和诊断，梳理出共性问题协商解决，发现个性问题单独指导沟通。四是线上教学交流机制。采用"1+3"交流（即"一个引路＋三大课型"）的方式推进。"一个引路"是指骨干引路，包括学科骨干、班主任骨干及优秀教师的教学、班级管理示范，让组内年轻教师进行观摩学习。"三大课型"是指直播类教学、自录课教学、"空中课堂"平台教学三种方式，通过不同类型在线教学展示，提升教师的线上教育教学水平。

总之，疫情没有使学校教育按下"停止键"，线上教学所带来的新变化，不仅仅是时空上的转移，更多的是线上教学带来的教育功能的新变化。今后，学校还将更新观念，综合线上线下融合教学的有效经验，系统关注学生学习与发展的特点、教师的专业发展需求，并结合家庭、学生的差异性，把"疫情的特殊"变成资源，用专业的行动推进学校系列工作，确保在线教育教学工作有序高效。

教研"三步走"让线上教学不再孤单

北京市顺义区高丽营第二小学　龚晓静

2020年，新冠疫情蔓延全球，人们的生活方式受到了极大的影响。学校教育教学同样如此。面对疫情与无数殷盼求学的孩子，网络教学成了最常态的教育教学形式。

无论男女老幼，大家都开始关注网络教学这种新常态教学方式。学生们体验着线上学习的便捷，家长们感受着线上新"陪学"的各种先进与痛苦。而教师们的体验更深，线上教学对不同年龄与层次的教师提出了同样的要求，教师们在体验着利用优质网络资源进行教学的便利的同时，也感到了独自面对网络的不便。为了让线上教学更有效，学校探索出新的"三步走"教研形式以让教师线上教学不再孤单，于是，这个春天于教学来讲，真是百花齐放、艳丽多姿。

线上教学，不仅改变了教师教学方式，也为教师拓展工作思维提供了更广阔的空间，更为教师间增加了学习、交流、合作、分享的形式。课堂在云端，质量要落在实处。这时候，传统的面对面常规教研已不能满足疫情期间特殊的教学需要，构建网络环境下的新型教研平台，拓展现代化教研的时空和手段，顺应时代发展的要求，是教研工作转型发展的必然趋势。提升网络教研质量就成了体现教师线上教学质量能否更卓越的最新指标。

一、提升网络教研的认同感

教研工作是学校教学工作的重要组成部分。从一定意义上讲，教研也是提升教师专业水平的一种教学形式。疫情暴发以来，网络成为学生学习的重要工具。依托线上教学，开展网络教研也成为一种新颖的教研活动方式，而且这种方式已经成为一种教研活动的新常态。

网络教研实现了跨越时间、区域、多层面、大范围的交流，不仅灵活便捷，改变各自单兵作战的困扰，而且能创造团结合作、平等对话、群策群力、促人反思的教研文化，内涵极其丰富。疫情期间的有效网络教研对促成教师专业素养的提高，特别是对青年教师，起着无法替代的作用。例如，我所在教研组中有一位是新参加工作的年轻教师，平时在学校，我们会经常在一起就某些知识点进行交流研讨。居家工作后，大家不能时时见面了。年轻的侯老师开始有些焦虑：怕不知怎样和学生进行交流，怎样处理重点知识，对一些重点总把握不好。于是，教研组定期开始组织小组研究交流，两三次后，侯老师开始放轻松了，因为她的问题通过教研、组内即时研讨等形式得到了解答。她说："咱们组真好，和你们一起参加网络教研，和在学校一样，我心里踏实多了。"网络教研逐渐得到了学校教师的认同，效果也越来越好。

二、稳定网络教研的管理形式

为突出疫情期间固定的网络教研的效果，需要做好以下几件事。

（一）形成制度

网络教研也要形成制度。和校内教研一样，网络教研要想有理想的教研效果，就要有具体的要求。疫情期间，学校针对区域教研、校内教研及组内教研三种形式分别制定了具体的要求。为了充分发挥教研组长、学科组员的个人优势，充分调动参与教研教师的兴趣和积极性，我作为组织者与服务者，在时间、内容、参与要求等方面制定了相关规定。大家也逐渐适应了这些要求，从接受到习惯到主动调整再到提出创新建议，大家在整个教研过程中也在不断转变、进步和提升。

（二）选定软件

做好网络教研，需要通过网络媒体展开交流，因此相关软件的选取和使用非常重要。为此，学校专门组织全学区在职教师进行了电脑操作的再培训，使每一位教师都能熟练地操作电脑，正确地掌握常规工具的使用方法，为教研活动达到最佳效果提供了保证。

不同的教研活动选用不同的软件，效果会更加好。比如，在组内教研时选用微信，直接使用手机操作，教研时还可以根据需求及时使用电脑观看视频、演示文稿等相关研讨内容，互不影响，十分便利；在校内大教研和区域教研时，一般选用腾讯会议，因为该软件参与人员多，可预订会议，可同步视频，可进行直播。教研软件的选取也为教师线上授课、答疑提供了很好的借鉴。

（三）固定人员

网络教研的有效开展一定要有自己固定的组织成员，如教研组、学科组、校内组、区域组等，不同的教研组，任务、分工各不相同。其实，疫情期间的网络教研在很多方面比线下教研更有优势，如网络教研不受空间和人员数量的限制。线下开展学科教研活动，不可能让学科教师全部参加，教研活动中渗透的教学思想和教学方法通过骨干教师转达后，其效果往往会大打折扣；观课、评课活动是一项常规教学活动，会要求科级、年级教师参加，因为地理位置的原因，给听课带来很大不便，一些教师对此类活动有不情愿参加的想法，这就导致很多优质课没有得到很好的推广。而网络教研不受此影响。这次疫情，线上推出了大量特级教师的优秀课资源，通过不同级别的教研，我们把他们的教学思想与教学新理念以及教学设计、教学反思、教学课件等资源再学习、再体会，不受时间的制约，随时都可以根据自己的需要进行学习，极大地提升了教研效果。

三、丰富网络教研的研讨内容

常规教研的研究内容很多，那么，哪些活动可以移植到网络教研中去，让线上教研也同样丰富多彩是我们需要思考的问题。疫情期间，通过不断尝试，得出结论：网络教研同样可以达到这些内容要求，甚至更丰富。

（一）教材分析

解读、分析、把握教材是教师准确教学的基本要求与能力。教材分析是教研活动的重要内容。疫情期间，为了落实该项活动，从 2020 年 2 月 13 日开始，我带领教研组内各成员"三分三定"（即：分学科、分单元、分重点，定时间、定内容、定方法）严格落实网络教研。每次教研活动都利用微信平台组织召开高质量、内容丰富的教研活动，结合本学科特色，从预习、导学、线上学习、评价四个方面入手，活动内容涉及预判本年级学生学习的难点、困难，学习中可能遇到的问题，以及听评课，线上教学的流程要求，设计分层拓展、巩固的练习备用等，更好地落实"停课不停学"。教学、教研及时跟进。

（二）观课分享

观课分享是网络教研的一项必做内容。疫情期间，教师们都会在第一时间与学生同步观看市级课程，认真做好听课笔记，明确、梳理教学内容。而教研组内观课交流分享可以让教师们通过组内集体教研，分析名师的授课方法，学习名师经验，一起梳理重点，强调易错点。很多次，教师们都有这样的感慨：名师们设计的教学环节真巧妙、思路真清晰、方法真不错，我要把这些识字方法进行归类、积累、收集，再讲给班上的孩子们听——观名师课，让教师们在不知不觉中提高了认识，开拓了授课思路。

组内观课还会根据研究，安排在线上走进本组教师的线上云课堂。和现场听课不同的是，通过视频，教师们看学生学习状态更清晰，教学效果展现会更明显。课后的教研活动中，每位教师都积极发表自己的意见和想法，研讨教学方法，互相取长补短，共同进步。

（三）破解疑难

教师们在每次的线上学习后，都会对学生的学习情况及时反馈，掌握学生学习效果。疫情前期，因为线上教学进度较慢，学生学习跟进比较顺利，后期，线上教学进度加快，每日学习量都在增加。如果做不到今日事今日毕，问题就会越积越多。为了让学生适应网上学习的节奏，每周固定的两个多小时的教研转变为每两天的半小时小教研。针对教学重难点、答疑过程中出现的普遍问题和突出疑难问题及时查漏补缺，大家在调查、分析、对话、交流、分享中见招拆招、支招对招，相互借鉴、彼此鼓励。同时，分工合作，分内容积极搜集与教学相关的分层练习题，为学生设计个性化学习方案。网络教研让教师更好地体会到，所有的教学资源大家都是一起用的，谁有好的学习方法总会第一时间在群里分享。大家在育人这段特殊的旅程中，努力重回教育的原点，凝聚教育的力量、积攒教育的智慧、品尝教育的味道！

（四）指导提升

疫情期间，网络教研已成为教师交流研讨的主要形式。怎样让教研不流于形式，让云端教研成为疫情期间指导教师提升专业能力的有效手段，是学校一直在思考的问题。因此，每次的教研从区域到校内、组内，都会有不同的指导要求。比如，区域教研针对教学会从网络课程"教学重点"及落实方法进行研讨，从教什么、怎么教、教得怎么样三个方面进行分析研讨，有分析，有案例交流，有知识监测内容。对于校内、组内教研，会在此基础上适当增加"学生怎么学""家长怎么陪""教师怎么导""答疑怎么有效"等方面的内容。有了这些方向性指导，以及每次具体内容的指导参与，像学生学习情况和教学进度、教学活动的开展、重难点的把握等，大家群策群力，教师，特别是青年教师，教研能力提升会很快。

"三步走"云教研，从起初的单元教材分析到配合线上教学进度的单元教研，大家共同探讨、及时解决问题或分享经验，使教学主题丰富，形式多样。研究的过程迸发的是智慧碰撞的火花，闪耀的是教师对教学不变的初心。在这个非常时期，由网络带来的新的教研形式真正让教师感受到了别样的成长。

以云教研为支点撬动教研团队专业成长

北京市通州区南关小学　乔玉连

面对突如其来的疫情,"停课不停学",居家学习成为最好的学习方式。从寒冬到盛夏,疫情不仅使学生的学习方式发生了巨大改变,更推动着教师教研方式的创新融合与高速发展。疫情加速了云教研的发展,它打破了地域、时空的界限,通过互联网搭建了空中教研桥梁。技术的应用、多维的探索路径、优质的资源积累等都成为教研活动的新场域。教研团队在云教研的实践与探索中,不断创新、不断成长,并成为疫情期间教学提质的主要动力。

一、团队赋能,练就"云技术"

实施线上教学,教师首先要面对的挑战就是技术问题。以往,教师们掌握的一些现代"云技术",是作为辅助教学方式呈现的,而此次全程线上教学方式是整体推进,则需要更完备的技能才能支持线上教学的全过程,因此突破"云技术"便成了所有教师的共同目标。为了让团队中每位教师能够主动地适应教学方式的变化,挖掘教师自身潜能,同时发挥团队的协作力量,北京市通州区南关小学开启了团队赋能的学习模式,构建起"学校集体引领+同伴互助+教师自主研学"的三级协同策略。早在 2017 年 12 月,学校就建立 CCtalk 网络平台教室,初步探索了线上辅导教学,此次学校对"CCtalk 网络平台教室"功能进行深度开发。学校发挥引领作用,从整体培训教师进一步掌握 CCtalk 操作技能,到直播、录播、上麦互动等全面开启,为线上教学找到了主阵地。由于学校教师队伍老龄化严重,年长教师不善使用现代信息技术便成为线上教学推进过程中的现实困难,此时青年教师便发挥自身优势，主动承担起助力长者的角色。他们通过网络视频，一一讲解，逐步指导操作过程，还录了很多小视频供年长教师随时学习，无论讲解多少遍、练习多少次、用上多长时间，青年教师们做到了"需之即到"，时刻为年长教师的线上行进护航。在青年教师们的热情助力下，四五十岁的任课教师们很快便掌握了CCtalk操作技术，即使是还有两三年就退休的老教师们也不甘示弱。在教师团队的互助协作下，很快建立了年级教室和学科教室，教师们找到了"课堂"。为了让"课堂"更精彩，教师们并没有止步于CCtalk"课堂"主阵地，而是积极主动，不断探索各类新技术，如EV录屏、快剪辑、腾讯会议、作业登记簿、晓黑板等，教师们根据实际需要自主研学，不断拓展线上教学的新技术，既满足了年级整体需要，又关注了班级个性化需求，整个团队协同发展。团队为教师赋能，赋予教师前进的动力，每位成员都不断超越自我，向着共同的目标一起发力，在疫情期间都练就了过硬的"云技术"本领，为线上教学奠定了稳固的基石。

二、寻找路径，探索"研内容"

根据市区指导精神，结合学校实际情况，线上教学大体分为三个阶段：一是适应阶段（第1—4周），以教师录课、直播为主；二是预热阶段（第5—8周），以推送市区资源和录制校本资源，组织学生预热新知为主；三是同步学习阶段（第9周至返校前），以观看市区同步资源，录制校本梳理课和单元整合课为主。不同时期面临不同的阶段问题，教研内容也随之发生新变化。为了提升疫情期间的教研质量，学科教研组通过寻找多维路径，不断探索教研内容。

一是项目式教研。学生们居家自主学习，学科教师通过调研学生的学习和生活情况，商讨年级项目主题，设计研究任务，并制定实施方法。例如，语文学科，结合二十四节气习俗的区级资源课，设计了古诗词项目研究、"谷雨劳动实践""清明颂梨花"等活动，每个年级各有侧重；数学以生活为重心，比如，"舌尖上的数学"是探寻各种美食制作中的数学知识与数学文化，还研究了包装、鱼缸、购物小票中的秘密等生活项目；英语学科则围绕季节、礼仪、疫情等项目进行尝试。

二是共同体式教研。这次疫情促使各学科教师在同一个年级教室里共同为学生提供教学资源，时空的凝集为教师铺开了一张共同体的研究之网。语文学科读古诗、诵古诗、写古诗、研古诗……在不知不觉中唤起了音乐与美术教师的灵感，她们便萌发了唱古诗、画古诗的创作想法。心动不如行动，语文、音乐、美术三个学科教师组成了研究共同体，他们基于共同的话题，设计不同层级的任务，创建了"三维一体"的学习空间。音乐教师微课指导形成古诗词系列，既有唐诗《游子吟》《静夜思》，又有明清的《村居》《明日歌》，还有汉乐府的《江南》《长歌行》。美术教师用画笔启迪学生的艺术灵感，设计出"画古诗"艺术实践系列活动，指导学生用颜料、布贴，甚至水果皮等不同材料展示古诗的意境。各学科教师在彼此交互共享中，实现了共同体式教研模式。

三是问题引领式教研。教研内容源于教学的实际问题，扎根于教与学的现状，满足教师的内在需求。教研组根据各阶段线上教与学的现状，进行调查与反馈，从各年级较为分散的教学问题中，筛选和提炼出共性问题与个性问题，通过教研活动研讨制定具体的解决问题路径。例如，在第一阶段，学生以自主、自愿学习为主，学习状态呈现不均衡状态，主动上线的学生积极参加各项活动，未上线的学生便处于静默状态，上线学习人数也是"年级有差异、班级有差距、个体有差别"。教师研讨出"提优激趣＋关注心灵＋多元评价"策略提升学习效果，教师注重微课质量，设计出形式多样的教学活动，激发学生学习兴趣，同时关注学生的心理状态，做好健康引导工作，并运用展示分享、线上学习小达人、心愿纸贴、力行之星评选等多维度评价学生的学习，使教研在发现、提出、分析和解决问题中，走向更深入的研究。学生在多维的主题活动、学科实践活动中，动脑与动手相结合、课内与课外相结合、个人与小组相结合、线上与线下相结合，积极参与每一项学习活动，亲身体验学习过程，不仅收获了学科知识，而且全面提升了自己的素养。

三、数据驱动，构建"资源库"

一个学期的线上教学，教师们适应了新的教学模式，既提升了专业能力,又积累了大量宝贵资源,学校也逐步探索出融合时代的新教研模式。

首先,学校共分为五个学科教研大组,在疫情期间,采取了"学科集体大教研"与"年级分散小教研"双层推进的教研模式。学校规定,每晚7:00—7:30为学科集体大教研活动时间,学科教研组利用CCtalk网络教室,从周一到周五,每晚一个教研组活动。教研组围绕学科主问题,开展多种形式的活动。除此之外,年级分散小教研作为有益辅助,在日常生活中随时线上相约,聚焦年级重点,保证了年级同步同质推进。

其次,在线上教学期间,各学科教师通力协作,共录制724节微课,内容涵盖整本书导读、习作指导、阅读专项、古诗专题、思维训练、绘本阅读、综合实践、学科技能、周梳理、大单元梳理等类型。此外,完成了六个年级23本读书吧整本书导读手册设计,语文六个年级46个单元整合单、学习单设计,一年级到三年级24个单元图文日记模版设计,这些成果都是专注教研的硕果,在教研组成员不断修改完善过程中,逐步提升品质,成了珍贵的教学云资源,为学生的学习提供了丰富的教学资源和有力的学习工具。

最后,答疑互动解决了网课互动不充分的问题。学校利用CCtalk每天下午3:00—4:00进行1小时全校线上答疑,各年级教师同时上线,年级学科教师全程参与,学生在这里可以畅所欲言,教师们解惑答疑,走进学生内心,这期间积累的不仅是知识,更多的是情感碰撞。线上答疑缓解了因疫情带来的焦虑,为足不出户的居家学习生活增添了一抹新绿。

"云教研"推动教研发展,助力教研团队成长,为教学质量的提升加速,智能云技术的创新应用,为今后线下课堂教学打开了一扇新窗。学生们在这个特殊时期的课堂中,体验到特殊时期的课堂之美,未来的教育必定是线上与线下的深度融合,多种学习模式还需要在教研之路上不断探索。

防疫期间居家校本课程设计的思考与探索

北京市石景山区古城第二小学分校　朱煦

在新冠疫情防控的特殊时期里，为培养学生良好的学习习惯，引导学生进行合理、有效的居家学习，古城第二小学分校依托"生活教育"理念，设计实施"生活+"居家课程。基于对市区相关政策的细致解读，以及对学生学情的充分了解、学科课程的精准把控，学校的居家课程得以顺利开展，并取得了良好的教育教学成效，特别是校本课程在疫情期间充分发挥了其特有的优势，让学生在居家学习中也能收获满满。我作为学校多个校本课程的设计者和负责人，进行了深入的思考与探索，也积累了不少疫情期间教育教学的相关经验。

一、"生活+"校本课程的设计理念

课程的设计是为了"培养怎样的人"这个目标服务的。学校的办学理念为"生活教育"，育人目标为"会学习、会生活、会创造"。学校的"生活+"课程既充分强调国家基础课程的主体地位，夯实教育基础；又依据学生实际需求，设计创生与生活息息相关的学习内容；同时关注教育生活中学生的生存状态和生命价值。"生活+"的"+"是指在国家课程基础之上衍生出的具有丰富生活元素的课程内容，与国家课程、地方课程形成教育合力。

二、"生活+"校本课程的特色

（一）从课程类型看

以国家课程为基础，以富有生活化元素的课程为补充，形成了系列化的校本课程——"生活教育遇见温暖的你""书香悦读""小先生课堂""走近二十四节气""PBL 工作坊"等。

（二）从操作实施看

立足课堂，线上、线下相辅相成，用生活来教育，采用"教学做合一"的教育方法。设置具体的生活情境，让学生在情境中活学活用。以真实的问题为抓手，完成真实的任务。

（三）从实践活动看

从适合学生居家期间进行的活动出发，教师按照学情分析、资料收集、选定主题、编写方案、发布活动、监控反馈、总结分享这一流程组织教学活动，以项目式学习的方式，让学生在具体情境中获得责任担当、价值提升、解决问题、创新思维的必备品格和能力。

（四）从养成教育看

家校联合，从品格习惯、审美情趣、家风孝亲三个方面促进学生世界观、人生观、价值观的养成，特别是居家期间，最适合生活习惯的培养。良好的生活习惯是孩子做好一切的基础。

（五）从整合实施看

合纵连横，由点及面。纵向从"生活教育"大主题出发，根据学段设计相应的内容，优化教育过程，形成学段间的衔接。横向抓住学校"会学习、会生活、会创造"的育人目标，与基础学科进行多元融合，科学育人。坚持抓住学校、教师、家长、学生这四个要素，连成完整的教育线，学校总体设计，教师实施操作，家长配合监督，学生主体完成，形成缺一不可的教育合力。

三、"生活+"校本课程的实施

学校的校本课程既是对旧知识的巩固与拓展，又能满足学生对丰富的居家学习生活的需求，还能与现实中的疫情防控相结合，符合市区对延期开学期间"学习·休息·预防"的基本要求，具有很大的灵活度，打破了学科边界，实现了多科联动、多育互动、多能共生的课程思想。

"生活＋"校本课程居家学习设计，突出"居家"二字，即学生在家中依旧能够像在学校一样，享受多样的课程资源，体验丰富的课程学习。

（一）"生活教育遇见温暖的你"之"居家劳动我能行"

学生居家学习期间，家长陪伴，而家庭正是劳动教育的鲜活课堂。根据往年的活动经验以及学生需求，学校出台了"生活教育遇见温暖的你"之"居家劳动我能行"课程指南。指南发布后，以年级组为单位迅速形成了年级课程方案。通过家校共育，为学生营造积极向上的活动氛围，让他们真实锻炼了劳动技能，并号召每一位学生把家务劳动作为"每日必修课"。

（二）"小先生课堂"疫情期间"停课不停学"

"小先生课堂"是在教师的引导之下，由学生自主开发实施的课程。

学校抓住学生"居家学习"这个较为宽松的时间，借助学校公众号，发布"小先生"招募广告，充分调动教师、学生、家长的积极主动性，鼓励学生从当前情况和自身兴趣出发。在家长的协助下录制生动有趣、富有创意的"小先生"教学微视频。以学校公众号为载体，提供一个供同学相互分享、互相学习、自我展示的空间。这个过程充分体现了"三人行，必有我师焉"的教育思想。

目前共制作推出"小先生课堂"40余节，内容涵盖防疫、科普、美食、文化、劳动、文体、环保等多个主题。其中"小先生课堂：中医药小百科之藿香"还被北京教学植物园采用，作为教学课程。由此，我们也看到了"小先生课堂"这种模式的有益之处，真正践行了"教学做合一"，让学生把学过的知识理解、加工后，转化为指导实践的方法，分享给更多的学生。"小先生们"也通过这种教学过程，得到了能力的提升。

（三）"书香悦读"之阅读、悦心、约未来

"书香悦读"课程依托石景山区重点课题"小学生多学科课外阅读的实践研究"的研究成果，实施开展。该课程把全学科阅读、经典阅读、诵读名篇、欣赏佳作作为主线，采用交流阅读感受、指导阅读方法等方式，培养学生听、说、读、写的能力。

在居家学习期间，把定期举办的学生特别喜爱的"阅读营"变为线上阅读活动。教师根据不同学段学情，带领学生共读一本书。各学科推荐本学科相关书目，通过网络读书会、公众号的形式与学生分享。"阅读营"子活动"朗读者"栏目还在线征集教师和学生的朗读作品，鼓励学生把喜欢的书籍读给他人听。学校还结合"二十四节气"校本课程，与"小先生课堂"进行联动，发布与节气相关的阅读内容，通过读节气、听节气、看节气、写节气、绘节气、话节气等多种形式，全方位、多角度地了解古代劳动人民的智慧，进而引导学生关注中华传统文化。

（四）PBL工坊：家庭垃圾大作战

"家庭垃圾大作战"是基于目前学生居家学习的生活情境创设的项目式学习。

学校组织教师深入讨论，认为这个时期正是开展"家庭垃圾分类"的好时期。首先，家庭成了学生学习的"主场"，学生一天中的学习、生活都在家中开展；其次，在疫情期间，家庭中一定会产生各种各样的生活垃圾，该如何处理是个问题；最后，垃圾分类是一个大趋势，是可持续的，无论是学生还是家长，都需要掌握垃圾分类的知识与方法。如何了解、如何掌握，学校需要发挥一定的教育职责，"家庭垃圾大作战"项目式学习应运而生。

教师根据学段特点，通过录制微课、阅读垃圾分类图书与文章、观看垃圾分类视频、用数据分析家庭垃圾构成、设计垃圾分类漫画与宣传海报、制作分类垃圾桶、参与垃圾分类游戏、学唱垃圾分类歌、制作变废为宝作品等多种形式，使垃圾分类的理念深入到每个家庭和每一位学生的心里。

四、总结与反思

疫情防控期间，无论是前期的延期开学，还是线上新课程学习，都有一个大前提，即学生需要居家进行学习活动。居家学习离不开家庭这个大环境，更离不开网络。如何能够让学生居家学习获得事半功倍的效果，值得每一位教育工作者进行思考与探索。

（一）树立一个主题：疫情防控

从生活出发，特别是结合现阶段疫情防控主题，创设真实情境，根据学段不同，各学科设计相关内容，优化教育过程，形成学段间的内容衔接。

（二）抓住一项目标：会学习、会生活、会创造

抓住学校"会学习、会生活、会创造"的育人目标，设计学科内与学科间的系列课程，形成学科与学科的多元共生，科学育人。

（三）推进一批课程："生活+"课程

"生活+"课程体系的构建，既是学生生活的需要，也是学生未来生存的需要，更是让其生命更好发展的需要。学校教育的主体永远是学生，一切的课程设置都围绕培养学生展开。学校的育人目标就是对学生能够成为一个"会学习、会生活、会创造"的小小"生活家"的最大期许。

（四）连接一条主线：学校、教师、家长、学生

学校是实施国家相关教育政策，进行系统教育的主体，要发挥好主导作用，设计有益于教师实施，能提升学生素养的课程方案。

教师是学校课程方案的具体执行者。学校要充分调动每一位教师的积极性与主动性，挖掘有潜力的教师，鼓励其依据学校办学理念与育人目标，在国家课程的基础之上，创造性地完成课程内容的设计与实施。

家长是学生居家学习极为重要的一环。学生居家学习期间，家长摇身一变，成了"班主任"，学校和教师对家长进行充分的指导，更能激发家长在家庭教育中的主动性，形成家校间的教育默契，让家长成为学生居家学习的助推器，并对以后的家校合作产生巨大的帮助。疫情期间，良好的家校合作，也能促进家长与孩子间的有效沟通。

学生是教育的主体，学校和家庭对学生居家学习期间良好学习习惯的培养，必将帮助其成为一个自律、自立、自强的人。

坚持学校、教师、家长、学生这条教育线，学校总体设计，教师实施操作，家长配合监督，学生主体完成，形成缺一不可的教育合力。

（五）用好一项技术：新媒体教学

21世纪的教育离不开网络媒体。在疫情防控期间，教师如果能够充分利用好这一技术，可以使作业的发布、提交与反馈更加顺畅，还能给目前师生分离的教育教学状况增添一丝温度：不再是冰冷的文字表述，学生可以从教师精心制作的小视频里听到熟悉的声音，看到熟悉的面孔；学生不再是居家独自学习者与思考者，而是通过网络，把自己心中的所思所想与网络那边的小伙伴进行交流，还能通过学校的"小先生课堂"讲给更多人听。

相信疫情防控期间，在学校用心的设计下、教师悉心的指导下、家长精心的关怀下、学生专心的学习下所形成的教育合力，定能使学校的教育教学工作卓有成效地开展。而众多对居家学习的深入思考与探索也必将助力未来教育的发展。

基于学情调研的精准教学设计与实践

北京市东城区和平里第四小学　陈英

以时间为线索回顾与疫情相伴的一个学期，2020年上半年，按照教育部"停课不停学、停课不停教"的要求，和平里第四小学全力推进中小学在线教育工作的实施。这场没有硝烟的战斗，给线上教学带来了思想、行动的巨大转变。其中北京市"空中课堂"通过网络跨越了空间距离的限制，使教育成为可以跨越校园向更广泛的地区辐射的开放式教育，让最好的教育成果通过网络传播到四面八方。在市教研部门的统一要求部署下，区教研员和一批教师组建了教学团队。所有教师一起经历磨课、研课、备课、录课的全过程，以科学、严谨的态度保证"空中课堂"每一节课的质量。

一、线上问卷，学情调研是基础

整理与复习是小学数学教学的一个重要环节。在进行人教版数学六年级下册"统计与概率"领域的复习与整理课的录制任务时，恰逢学生居家学习期间，如何做到"知己知彼，百战不殆"呢？问卷调查是了解学生的"良方"。网络有着便捷、灵活的特点，疫情期间，教师借助网络对六年级42名学生进行了问卷调查。调查内容围绕小学阶段"统计与概率"领域的实际教学中，学生如何看待统计有关内容的学习。

（一）学生作答情况

问卷调查结果显示，71.43%的学生认为非常有趣；57.14%的学生经常用到生活中统计的知识和方法；学生获取信息的主要方式有"听、看新闻""读报纸、杂志""网络查询""教师、家长"；让学生举1～2个生活中用到统计知识和方法的例子，学生举的例子有：人口普查、超市每种食品销售量、支出与收入、自身身高体重、家庭每月耗电量、新冠感染人数的统计、课外阅读数据归类统计等。在统计"你有什么问题想与同学们交流"的问题时，学生表示想交流的问题有：统计有哪些方法？统计的一般过程分为哪几步？如何向别人介绍北京的蓝天天数越来越多？北京有多少名医生驰援湖北？等等。

（二）数据分析

从学生问卷调查数据中可以看出，71.43%的学生对统计的知识、方法的学习感兴趣，57.14%的学生认为生活中经常用到统计的知识和方法。学生平时获取信息的方式方法是多种多样的，其中最高的是网络查询，占80.95%；其次是通过教师、家长，听、看新闻，各占69.05%和64.29%。由此可见，大数据时代，网络查询是学生获取数据的重要方法之一。在"生活中用统计知识和方法的例子"这道题的调查中，从学生举例可以看到，既有关于国家大事的，如人口问题、当下新冠感染人数的统计等，也有熟悉的生活事件，如超市每种食品销售量、家庭支出与收入、家庭每月耗电量等，还有学生身边小事，如自身身高体重、课外阅读数据归类统计等。解读数据发现，有近三成的学生对统计的知识、方法的学习感觉一般，42.86%的学生感觉生活中偶尔会用到统计的知识和方法。

（三）思考

基于学情调研的数据分析来思考以下问题：隔屏的线上学习，如何让20分钟的"空中课堂"有价值、有意义呢？复习整理课如何落实数据分析观念？如何引导学生用数学的眼光观察生活、用数学的思维分析生活？

二、精研细磨，科学精准是目标

小学数学教学是一门严谨而知识点细碎的学科，学生经过近六年的学习，掌握了一些数学知识、方法。下面以小学阶段的"统计与概率"领域的整理与复习为例，科学精准定位。

（一）"忆"——以"问题"作为回忆知识的线索

面对"空中课堂"这种教学形式，团队教师一起研磨整理与复习课教学特点，即组织学生对每个领域的知识进行整理和反思、归类和对比，使之形成系统。考虑到六年级的知识点是学生已经学习过的内容，学生已具备一定的思维能力和语言组织、表达能力，因此，对于知识点的呈现就不能像新授课那样一一切入，而是需要根据学生的经验和学习困难，在自主回顾梳理中整体把握。

整理与复习课前，发挥学生参与知识整理的主动性和积极性。学生根据要复习的内容，先读书回忆所学的数学知识，通过自己举例子，把统计的有关内容进行整理归类，重温各类统计图的特点、平均数的现实意义、不确定现象中的规律性等；再归纳比较，学会用数据说话，用数据解决问题。采用学生列举实例的方法自主回顾，实际是引导学生学会用数学的眼光观察生活。

整理与复习课上，用问题引领加强整理与复习的针对性和系统性。因为学生对数据收集整理的方法及各类统计图表有了一定的认识，但这些知识是分散在四、五、六年级学习的，"统计与概率"的知识点在学生脑海中是零散的，因此，采用以大问题作为回忆知识的线索，沟通知识间的联系。如围绕"关于统计的知识我们都学习了哪些内容？""2019年中华人民共和国成立70周年，海量数据诉说着70年翻天覆地的巨变，从大量的'图'中，我们能获取哪些信息？""能举例说一说我们学过哪些关于可能性的知识吗？"等大问题作为回忆知识的线索，也为学生提供了梳理知识的线索，留给学生参与知识整理的空间，帮助学生对某个领域的知识点有一个宏观的回顾。

（二）"理"——在"梳理"中构建知识网络

著名教育家乌申斯基说："装着一些片段的、没有联系的知识的头脑，就像一个乱七八糟的仓库，主人从那里是什么也找不出来的。"小学数学知识体系连贯，教会学生学会自主整理知识的技能，从"点"到"面"，将知识由"厚"到"薄"，形成一个条理化、系统化、网络化的有机体系，让整理成为一种习惯，这对孩子今后的学习生涯都会有深远的影响。那么，如何通过几节整理与复习课的学习,把看似杂乱无章的"点、线、面"知识整理得"滴水不漏",构成一个条理清晰的知识脉络呢?

20分钟线上的整理与复习课上,在对统计知识进行系统的、全面的回忆和梳理的基础上,指导学生学会将已学过的零散知识"横成行,竖成线,连成片",重新组织、编码、提炼,自主建构数学认知结构,形成对数学知识的认识和感悟。

整理与复习课后,指导学生利用思维导图完善原有知识体系,构成知识网。学生运用图文并重的技巧,建立清晰、完整、形象的数学知识体系,使"统计与概率"领域的知识以整体的、一目了然的方式呈现出来,同时能大幅提升学生的记忆力、组织力和创造力。这对提高学生的数学能力是十分有益的。

(三)"练"——在"应用"中促进数据发展观念

一堂课由原来的40分钟到"空中课堂"的20分钟,更体现了"浓缩的都是精华",需要付出巨大努力。确定每个小环节,设计每道习题都需要思考、研磨,团队教师在线静心深入研究、智慧共享、互促互进。因为练习是整理与复习课的必要环节,除了要承载"巩固知识点、夯实重点、解决难点"的功能,还需担负起知识梳理、建构知识网络体系和提升学生解决现实问题能力的职责。"数据分析观念"作为统计课程的核心,在"应用"中促进数据发展观念,使学生进一步掌握小学阶段所学的知识,同时提高学生相应的数学能力和数学素养。

1. 创设生活情境,现实中应用

"数学课程的内容一定要充分考虑数学发展进程中人类的活动轨迹,贴近学生熟悉的现实生活,不断沟通生活中的数学与教科书上数学的联系,使生活和数学融为一体。"因此,练习环节注重创设富有数学知识的生活情境,鼓励学生综合、灵活地选用复习的数学知识解决生活问题。

考虑学生年龄的增长、视野的扩大等因素,大数据时代,对统计内容的整理与复习要选择知识内容深刻、内涵更丰富的素材帮助学生发展数据分析观念,学会用数学的眼光关注国家大事,用数学的眼光聚焦身边的小事。引导学生从现实背景中发现、提取数据,分析数据,做出合理预测。在学习数学的同时,形成尊重事实、用数据说话的思维品质。

2. 综合运用知识，贯通中应用

精研细磨"空中课堂"，不能只对某一个知识点进行复习，而是要把通读小学阶段教材与习题研究结合在一起。采用任务驱动法解决实际问题，更能促使学生进行深入学习。小学阶段学生经历了统计的全过程，对各类统计图表的应用、平均数的意义有了一定的认识，会求简单的平均数。但是，综合运用所学知识、分析统计图表、用数据进行预测仍是学习的难点。学生根据想了解的问题收集信息。例如，根据统计表信息，结合统计图的特点，有的学生用扇形统计图直观呈现医护人员分布情况，发现护士占比最多；有的学生用折线统计图呈现10天新增确诊人数，发现每日确诊人数下降趋势明显；有的学生根据折线统计图看出治愈率由4.3%上升到83.9%的趋势，做出合理预测。教师引导学生翻开疫情这本"教科书"，把疫情数据变成"教材"，学生经历从获取信息、分析数据到推测疫情趋势的全过程，综合运用统计的知识，学会用数学的思维分析生活，体会统计的现实意义，形成用数据说话的意识。

20分钟的线上整理与复习课，"忆、理、练"缺一不可，"忆"是有目的、个性化的主动学习；"理"是为了抓住知识的本质以及知识间的联系，形成良好的认知结构；"练"是为了知识体系的完善以及应用能力的提高，学会数学的思维。学生经历"忆、理、练"的过程，系统、全面地回顾与整理所学的内容，不仅是在唤醒"缄默"的知识，还在独立思考、交流碰撞中沟通知识间的联系，构建知识体系，让20分钟的"空中课堂"更有价值、更有意义。

不寻常的"疫"学期，没有在学校的规律作息，没有师生面对面的交流沟通，但可以肯定的是：教育永远不能中断，学习活动永远不能停顿。精研细磨从"疫"起，实现网络技术下的远程教育，任何人可以在任何时间、任何地点，从任何一个章节开始，学习任何课程，体现了主动学习的特点，充分满足了现代教育和终身教育的需求。

"1+5"全学科阅读促主体探究学习

北京中学　施金泉　李燕巧　任炜东

北京中学（以下简称"北中"）小学部三年级组在学校的支持和引导下，利用防疫延期开学之居家学习契机，积极开展学生项目学习活动，包括线下"1+5"全学科自主阅读与创作和线上"网红小主播"直播交流两项主要活动。

为了达成项目学习的任务和目标，三年级组按"道、法、术、器、势"之思想展开项目教学工作。先引导部分学生跟科学家学聪明思维，争做"网红小主播"，进而吸引全员参与，最后让学生志存高远，争做科学家和国家贡献者，为自我价值和社会价值的实现勤勉学习、不断追求。

一、有"道"可循

因延期开学而形成的居家学习，教师干预少，学生在时间和空间上相对宽裕和自由，如何让学生真正成为自主学习者？这既是北中小学部当前应积极探索的极具价值的课题，也是北中人落实办学理念，实现办学愿景，实践育人目标的答案追寻。

于教师层面，因为都有着做好"试验田"，探索经验的强烈愿望，所以，当"让学生真正成为自主学习者"的教育之"道"的价值观确立后，三年级组教师能团结协作，主动担当，积极为学生的项目学习提供各种支持与辅导。

于学生层面，当"网红小主播们"陆续直播交流后，自主学习的成效逐步得以释放，自主学习的成就逐渐得以彰显时，就会激励和带动一大批学生参与并投入其中，形成一股不断壮大的洪流。

二、有"法"可依

（一）内驱力机制

根据马斯洛需求理论，唤醒和激发学生的内驱力，让学生提高自觉性，增强解决问题能力，完成与自己的能力相称的学习任务，就能满足学生自我实现的需要。项目组的教师主要通过以下三种方式，建立学生的内驱力机制。

一是竞争招募成员。项目学习活动伊始，三年级组发出项目学习招募通知，先放出14个"网红小主播"名额，采用自愿报名、先报先得的激励方式招募项目组成员。通知一发出，年级群里的学生响应者众多，项目学习总负责人李燕巧老师按照自主报名的先后顺序确立了先期的14位小主播。小主播们在激烈的竞争中抢到了名额，格外珍惜这次学习实践与自我价值实现的机会，满怀热情地深入项目学习之中。

二是榜样示范激励。先期的14位小主播不负众望，个个精彩亮相，在叙述、表演中不断和同学们进行互动，分享阅读心得、资料收集方法、绘本创作历程和项目学习经验，表演才艺，让同学们艳羡不已。榜样的力量是巨大的，熟悉的同学在项目学习体验中获得的成长能量，转化为更多学生的成长内驱力。已经有越来越多的学生不甘落后，争相报名，踊跃参与项目学习和直播交流活动。

三是阶段任务驱动。项目组教师按照任务分解的方式，按阶段、按进度、分批次设置小目标，布置小任务，让学生在任务驱动下，"不愤不启，不悱不发"，自我努力，自我克服，既面临一定挑战，又不至于感到艰涩畏难，直至完成整个学习任务。

（二）超越式学习

这次项目学习，主要任务是学生自主阅读科学故事，并在此基础上自主进行二次绘本创作。要想完成上述任务，必须热爱科学，对科普读物有浓厚兴趣，能够认真阅读好文本，延伸学习相关科学常识，学会查找和整理资料，学会钻研绘本，并不断提升思维水平、训练表达功夫等。这些都远远超越单门学科的知识学习和技能训练，涉及的知识、能力与情感都是渗透式的、迁移式的、延展式的、整合式的，是真正的超越式学习。学生沉浸其中，其学习内容和学习方式都会在深度交融基础上拓宽延伸，激活裂变，聚合深化。

（三）跨学科融合

项目学习采用的是"1+5"全学科阅读模式。

"1"指的是语文学科阅读与运用。项目学习的首要任务是完成《跟科学家学聪明思维》整本书阅读。学生用语文学科所学的字词理解、内容复述、预测及推论等阅读策略，读懂文本、获取信息，并构思表达，输出语言。

"5"指的是科学、数学、英语、美术、音乐等学科阅读与运用。学生要将科学著作进行二次绘本创作，必然涉及科学学科阅读，包括科学知识的资料收集、阅读延伸和理论查证等层面的深度融入；必然涉及美术学科阅读，包含构图、素描、写意、漫画或卡通等绘画技能方面的深度运用。数学学科教师认真提炼《跟科学家学聪明思维》读本内容所呈现的观察、分析、比较、猜想、验证等思维方式，结合项目主题巧妙设计数学阅读内容与趣味训练；英语学科教师指导学生将读本内容或二次创作的内容转换成英语故事、诗歌或对话，提升学科融合的趣味性和学生语言运用能力；音乐学科教师辅导学生设计与主题密切相关的才艺表演，让科普阅读、创作与分享活动变得生动有趣，变得富有感染力，变得更加吸引人。

"1+5"全学科阅读，不是六个学科阅读的简单相加，也不是各学科牵强附会式的相联系，而是搭建项目学习平台，引导学生运用多学科的整合思维、融合知识和贯通技能，探索任务驱动下的问题发现、问题分析、问题解决及经验总结的意识、习惯和能力。

（四）家校共育

参与项目学习，学生会面临一定的挑战，如何协助学生有效参与，成为学校和家庭共同面对的课题，因而引发了同属于项目支持者的教师和家长构建紧密协作关系。教师服务于学生的学科融合，家长服务于学生的各种学习条件的保障和某种程度上的学习伙伴关系的支持。教师和家长共同努力，让学生经历"做中学"，促进学生自由、全面、快乐地成长。

延期开学期间的项目学习活动，促使"教师—学生—家长"这一新型学习共同体的形成，激发了所有参与者的探索热情，而且都为共同的目标乐此不疲。

三、有"术"可施

（一）混合学习

学生们在项目活动中，混合语文、数学、英语、科学、美术、音乐等多学科学习，经历个性化、联系性、综合性的学习体验，自我构建一个阅读、记录、积累、整合、链接和迁移的学习系统，在增长知识的同时，不知不觉培养了自己的观察、分析、归纳、演绎等多种思维能力。另外，学生们还接受各学科教师在线辅导与家庭成员的居家支持，学习资源和学习方式相比传统意义上的单科学习，更立体多元，更灵活多样，更综合开阔。

（二）绘本创作

"1+5"全学科阅读，为的是让学生能自主进行二次绘本创作。在学生读完《跟科学家学聪明思维》后，选择自己最感兴趣的内容，深度融合各学科阅读，获得丰富的创作素材，构思"路线图"，进行二次创作，表现形式是将纯文字的科普读物创编成图文结合的绘本。学生可以遵照原读本的内容框架和思路，也可以在保证科普正确的前提下，大胆改编、创编，鼓励学生创意表达。这样的创造性学习，最易激发学生的积极性和学生的多项潜能。

（三）交流分享

善于表现，乐于分享，是一般学生的天性。教师们顺应学生天性，积极引导学生实现展示自身价值的意愿。学生的阅读与创作，一般要经历大约两周的时间，其间进行的思考与体验历程，其中的滋味、经验与成果，都值得分享。"网红小主播"的在线直播，正好给予了学生分享的平台，同时影响更多的学生参与其中，投身跨学科的项目学习。

（四）运动调节

居家学习期间，学生足不出户，居家自愿参与项目学习。考虑到学生劳逸结合、健康成长的需要，学校积极为学生提供运动调节的建议和资源，每天在固定时段安排学生参与健身活动。艺体教师轮流为学生录制健身运动视频，不仅配上音乐，喊着口令，还亲自示范。一招一式的室内健身动作易学易练，让学生在学习之余，享受运动带来的放松与惬意。

四、有"器"可用

（一）教师准备

为了对学生的项目学习提供有针对性的辅导，所有学科教师都要认真阅读《跟科学家学聪明思维》，并根据学生选择的文本内容进行相应的拓展阅读与准备，提前备好课，这样既可以避免视角狭隘和知识性错误的出现，又能以更高站位、更宽视野做好学生学习的"引路人"。

（二）个性化辅导

因为学生的阅读内容、创作内容不同，学生的资质和潜力也不同，学科教师对学生的辅导多是个性化的。教师的辅导任务是能主动、及时地解决学生的个性问题和需求。

（三）网络平台

居家学习期间，教师的辅导需要借助网络。各学科教师通过微信语音、视频、会议及文件发送等网络功能，在线为学生辅导，与家长交流，并推送相关辅导资源。"网红小主播"在自主阅读与创作后，再通过UMU网络平台开展在线直播交流、互动与分享活动。

（四）个性化学习工具

学生除了共读一本科学著作外，其余支持项目学习的条件和工具都不尽相同。比如，需要自主查阅的工具书和资料、融合其他学科所需的读物、绘本创作所用的画具、学习和直播使用的电子媒介（电脑、平板、手机均可）、实验器材和教具等，都没有统一的要求，教师要引导学生不网购、不借用，鼓励学生脑洞大开，居家"废物利用"。这些创新性、个性化的学习工具起着重要作用，支持着学生学习活动的开展与任务的完成。

五、有"势"可乘

防疫形势下,只要教师愿意探索和创新,危机中同样孕育着机遇和改变。

(一)"停课不停学"政策

为认真贯彻落实习近平总书记重要指示精神,按照党中央、国务院关于防控新冠疫情的决策部署,教育部办公厅、工业和信息化部办公厅联合发布《关于中小学延期开学期间"停课不停学"有关工作安排的通知》,就做好中小学延期开学期间"停课不停学"工作提出要求:坚持学校教师线上指导帮助与学生居家自主学习相结合,学校教师要指导帮助学生选择适宜的学习资源,限时限量合理安排学习,促进学生全面发展、身心健康。

北中小学部正是按照上述精神开展了三年级组的项目学习活动。教师线上指导和学生自主学习,正是本次项目学习的主要方式和典型特征。在此活动中探索的有益经验,比如"互联网+"时代的学习方式变革、学生跨学科自主学习的操作路径和实效等,教师团队组发挥教师核心力和专业特长,都极具借鉴意义,对促进教育教学改革会产生较大的价值。

(二)居家不能外出

因为防疫需要,学生居家不能外出,正好有相对集中的时间和场所参加项目学习。项目组的教师大胆探索,让平常在学校分科教学的环境下难以实现的多学科融合式学习变为可能;项目组的教师勇于放手,信任学生,让三年级的学生自主式全学科阅读、二次创作,甚至让论文创作这种看起来比较困难的事情也变为可能。这些都是此次疫情危机中取得的成绩,除此之外,北中勇于改革的先行教师们勇于深刻变革,也取得了可喜成就。

(三)亲子陪伴

防疫特殊时期,成了亲子陪伴的最佳时期。项目学习也因家长的有力陪伴和支持而更有成效。除了学科教师的有效辅导之外,家长无疑充当了学生的学习伙伴和学习支持者的角色。家长在帮助学生准备学习工具、拓宽学生的视野、鼓励学生勇于尝试和创新等方面,都发挥了不可忽视的重要作用。

更重要的是，这样的亲子陪伴，开启了项目学习条件下的"家庭自主学习模式"和"家庭全员学习模式"。教师们发现，在科学读本的二次绘本创编中，家长若想给学生提供强有力的支持，也要对陌生的知识进行学习。线上分享时，有的学生领着兄弟姐妹上直播，有的学生带着爸爸妈妈上直播，这样亲密协作与交流展示，让所有的观摩者都感到亲切、温馨。如果没有这次长时间的亲子陪伴，恐怕很难看到这样的动人画面。

通过家长的反馈，教师们感受到，延期开学期间的亲子陪伴，让家长摇身变成了学生项目学习的伙伴、导师、支持者和鼓励者，身份有了多重微妙的变化。令人惊喜的是，有多位家长发出了相同的感慨：自从参与到孩子的项目学习之后，学会了换位思考，改变了以前总喜欢以批评的方式教育孩子的习惯，自觉养成了以欣赏、鼓励的眼光看孩子的意识。亲子陪伴不仅让亲子关系变得更亲密，家长的家教观念、家教方式等方面也发生着可喜的变化。

综上所述，此次项目学习让学校教育和家庭教育的模式与观念都受到了洗礼，一些变革正在悄然发生，一些积极的、正向的影响正在蓄势待发。

六、有"志"可立

（一）网红小主播

没有学生不愿意展示自己的作品和成就。前期，已经有20多位参与项目学习的学生做了"网红小主播"，分享了自己的作品和创作经验。小主播们不仅将科学知识与绘画技能、数学应用、英语实践有机结合起来，还时不时地穿插歌唱、戏剧、英语口语秀等活动，形式活泼，很吸引人。每个小主播都有自己的绝活，有的善于展示实验，有的善于演讲，有的善于分享故事，有的善于表演才艺。他们在直播时自如的神态、落落大方的样子和投入的神情，让人深受感染。

在小主播的影响带动下，三年级组已有三分之二以上的学生积极参与到项目学习中来。项目组的教师拓展了更宽广的学习主题，找到了更丰富的交流方式，给予了更多学生展示分享的机会。个别因网络条件限制的学生家庭，也在教师的帮助下，通过平台录像播放的方式，间接过一回"网红小主播"的瘾。

（二）撰写论文

小主播们并没有因为直播的成功就停止了探索和研究的步伐，后来他们开始着手撰写科学小论文。学生会在学习研究指导教师提供的论文范式和论文评价细则的基础上，思考和确定自己研读的"跟着科学家学习思维"的有关文章论题，并构思提纲，撰写论文。教师指导初步完成论文的学生，再当"网红小主播"，讲述论文内容和创作过程，一方面是为群体学生做论文撰写的参考示范，另一方面也是让学生在直播准备的过程中，不断打磨，发现不足，继续完善论文。

（三）要当科学家

很多学生在项目阅读与创作的过程中，不知不觉迷上了科学。小主播们在分享项目学习心得时，会告诉同学们：要想学好科学，必须耐心观察，严谨思考，懂得大胆质疑，还要善于做好科学笔记。小主播们在项目体验中收获了很多，这些东西会内化为他们的思维习惯和学习品质，会转化为他们成长的精神营养。

很多小主播在直播中诚挚地表达着立志成为科学家的美好愿望；他们还纷纷表示，为了实现梦想，要勤勉学习，追求不息。似乎可以窥见，将来会有科研爱好者或科学家在北中的三年级学生中诞生。其中一位小主播在谈到自己的理想时，说非常想做一名医学科学家，立志研究疫苗，为医疗事业贡献自己的力量。

项目体验活动让学生的居家自主学习，既充满挑战，又充满乐趣；既培养了能力，提升了素养，又建立了自信，立下了志向，成效显著。

探索云端教学，开展"读写结合"实践活动

北京市海淀区中关村第一小学　潘春艳

读写的关系研究一直是语文教学领域的一个重要课题，我国古代就有"读书破万卷，下笔如有神""熟读唐诗三百首，不会做诗也会吟"等有关读写结合的朴素认知。新冠疫情阻挡了我们开学的脚步，但同时也留给了我们更多的阅读、思考和写作的时间。"停课不停教，停课不停学"，我借助微信建立学习小组，聚焦小群体，探索新的云端教学方式，开展"读写结合"实践活动，引导学生成为有意义的探索者、发现者与建构者。

一、建立线上学习小组，为"读写结合"活动开展做好准备

钉钉群是线上课堂教学的主阵地，在此基础上，我基于小群体学习的优势探索成立了微信学习小组，聚焦共性问题，引导学习小组构建共同的行为模式，增强凝聚力，使成员之间能产生较强的相互促进的力量。

遵循"组内异质、组间同质"的原则建立线上学习小组。所谓"组内异质"，是指在分组时，要兼顾小组成员之间性别、学习成绩、能力、脾气、性格等方面的差异，形成基本小组。小组成员之间互补，并保证每个小组都有一位学习引领者，能够提出引发他人思考的问题，将小组学习引向深度。所谓"组间同质"，是指学习小组要力求组与组之间尽量保持相对均衡的水平和一定的稳定性，即每个小组的总体水平基本持平。这样能为全班各小组间的公平竞争打下基础。

此外，还制定了线上学习小组的规则：一是准时参与，按时完成作业，用出勤和打卡率保证学生的学习效率；二是积极思考，勇敢表达，鼓励学生打开思路，在深度思考中养成表达和分享的习惯；三是奇思妙想，温暖接

纳，引导学生学会欣赏和鼓励同伴，从同辈群体中发现学习资源。

二、借助疫情契机，多元开发"读写结合"教学内容

（一）开展英雄故事会

当疫情发生后，有这样一群人，他们负重前行。他们没有轰轰烈烈的事迹，只有负重前行的身影；他们舍小家为大家，夜以继日，全力奋战在一线。他们就是伟大的医务人员，我们的"白衣天使"。

引导学生阅读这些英雄人物的事迹和同主题的文学作品，通过英雄故事会的方式，或朗诵，或讲故事，或表演，抒发对英雄的崇敬之情。在此基础上，鼓励学生进行不限形式的创作，如诗歌仿写、创作，故事续写或者写英雄赞歌。

（二）聚焦大数据下的疫情发展

疫情数据的波动吸引着所有人的目光，聚焦大数据下的疫情发展，是学生开展"读写结合"实践活动的良好契机。

鼓励学生利用互联网查找疫情相关数据，根据数据绘制出各种形式的统计图，并引导学生尝试从不同角度分析数据背后隐藏的秘密。比如，武汉确诊病例飙升的那一天，学生通过数据比对和新闻搜索，发现国家基于人文考量放宽确诊条件，为老百姓免费治疗，体现了国家以人为本的情怀；当全国疑似病例逐渐下降时，有学生通过分析数据，得出了"居家隔离措施行之有效，排查手段更加准确"的结论；还有的学生通过整理现有数据，大胆预测疫情未来的发展趋势……所有的结论都有理有据。这种借助数据来思考问题的方式，在数学中使用比较多，用在"读写结合"的实践活动中，不但培养了学生观察生活，学会从生活中取材的能力，更训练了学生科学严谨的表达习惯，推动了学生思维向更深处发展。

（三）开展"家·城·国"主题研究活动

疫情的发展牵动着无数国人的心，国中有城，城中是家，引导学生根据自身兴趣、特长、客观条件，在"家·城·国"大的主题下找到自己想解决

的问题进行研究，一方面，可以从家国情怀的角度去思考这次的疫情；另一方面，学生借助主题性研究活动，进行资料查阅、筛选、梳理和总结，读与写自然融合。

为了更好地帮助学生进行主题研究活动，我和同组教师在三个大主题下为学生在研究方向、目标、内容、方法、成果呈现方式和资源支持六个方面提供了较为细致的建议。以"城"主题为例，具体见表1。

表1 "城"主题研究建议

研究方向	研究目标	研究内容	研究方法	成果呈现方式	资源支持
方向1：荆楚文化之旅	制作文化图鉴	研究荆楚文化中的一个元素，如黄鹤楼、汉剧、汉绣等	查阅文献	绘画书、照片书、口袋图鉴等	荆楚文化简介
方向2：今天的城市	了解今天的城市风貌	所在城市或家乡独有的文化、历史、风俗	查阅文献、访谈	研究报告、绘本、诗歌、海报等	研究过程培训
方向3：一个未来城市的构想	选择目前城市中出现的某一种问题，对未来城市进行规划	为未来城市写一个简单的策划案	查阅文献、访谈	对未来城市的一份策划案（书）	策划案（书）简介

同时，为了支持学生进行研究性学习，教师借助钉钉群会议功能，为全班同学进行了一次主题研究的在线培训，主要内容为如何发现问题、确定研究主题，制订研究计划并实施，以及最后如何进行成果表达、交流与评价。

例如，学生在进行"城"主题研究方向1"荆楚文化之旅"时，有的去追寻荆楚文化的历史与现实；有的梳理了荆楚文化中的饮食文化、名胜文化、地域文化、艺术文化等内容；有的在文学作品中探寻着荆楚文化的印记，并重点探查荆楚文化中的标志性建筑——黄鹤楼；还有的制作了荆楚文化的口袋图鉴。

这种自主探究的学习过程，不仅是对知识的查阅和摘录，更是对知识的筛选与梳理；不仅是对荆楚文化内容的理解和归纳，更是对荆楚文化背后的那种坚韧、开阔、包容的精神气象的认知。而武汉这个城市，我们不仅因为这次疫情记住它，更为它的文化魅力所折服。学生的阅读与写作兴趣极大地被调动起来，读写结合的契合点自然而深刻。

（四）用好"空中课堂"资源

疫情期间，市区教委都提供了高质量的"空中课堂"资源。不同于常规的课堂教学，"空中课堂"资源对所学知识进行了更合理的整合和提升。用好"空中课堂"资源，能够有效地重组学科领域知识，形成知识体系。在此认知基础上的写作会更细腻和富有情感。

以"古诗中的春天"为例，教师结合海淀区教育资源平台"小学古诗词阅读方法"微课资源的指导，引导学生对四年级上下册语文书中的所有古诗进行了自主复习和分类整理，并设计了"春""花""送别""动物"四个主题的古诗积累活动，或配乐朗诵深情地歌咏春天，或诗画联觉，用还原诗境的方式表达阅读收获，或用思维导图寻找古诗中的共同点和不同点，培养了学生的组诗学习意识，并在此基础上进行梳理、总结、创作，进一步丰富了学习成果。

三、通过云分享平台，有序设计"读写结合"教学策略

（一）配乐朗诵让学生积累丰富的表达样式

教材上的课文学习是精读，学生借助语文要素巩固各种阅读方法，学习各类文体文章；课外阅读多属于泛读，在阅读和鉴赏的过程中，学生能够接触到各种各样的文本样式和语言样式，了解各种各样的情感用语言表达出来的方式。在这一过程中，学生会不断地掌握社会语言运用的规律，并有意或无意地融入自己的言语表达中，成为自己新的表达与交流经验，由此提升自己的言语品质。

疫情期间，学生坚持每日配乐朗诵，内容包括教师推荐文章和学生自选文章，在微信学习小组中定时打卡。在朗诵过程中，教师引导学生在大声朗读中去欣赏文字，想象画面，体会字里行间饱含的情感，日积月累，厚积薄

发,由此提升学生对语言文字的感悟力和欣赏力。"停课不停学"的一个学期里,不算学生自选朗读内容,单教师带领学生共朗诵现代诗歌135篇,散文48篇,古诗词54首,其他文章36篇。教师推荐的文章以名家名篇为主,选的都是阅读与写作之间共通要素较多的文章,希望能借助一些经典段落引发写作迁移。

在琅琅读书声中去写作,学生习作的立意、选材和细节描写都得到了很大提高。我印象最深的一位学生,整体能力偏弱,日常习作尚不能达到语句通顺。在朗读打卡过程中,他连续好几天发的都是朱自清的《背影》,没多久便写了一篇自己与父亲分别时的情景的文章:"丁零零……我最不愿意听到这个铃声,因为那意味着我和爸爸分别的时刻到了。爸爸常年出差,一年中难得见他几回。我的眼睛红了,眼泪在眼眶里不停地打转。我怕出丑,赶紧忍住泪走进了车厢,一回头发现父亲还在窗边使劲地挥手,非常不舍的样子。我的眼泪大颗大颗地流了下来……"

这一段父子离别时的情景写得情真意切,看得让人潸然泪下。这是阅读的力量,也是情感的力量。

(二)三级阅读批注构建知识网络

阅读批注是引导学生沉浸文本,反复品读,经历从理解到吸收,再从吸收到表达的思维过程。用问题引领阅读批注,能够让学生的批注更具有方向性,更能聚焦,更能了解自己的课堂需求。线上教学期间,教师们采用预习批注、课堂批注、课后批注三级批注方式,引导学生围绕核心问题,反复品读文本,勾连信息,进行充分的体会、感悟,从而形成多元、立体、丰富的理解框架。

学生在三级阅读批注中避免了海批的漫无目的和思考层次浅的问题,自觉筛选和补充资料,呈现了学生真实完整的理解与感知、探索与发现、想象与体验,进而形成知识网络,激发学生整体认知与批判反思的能力,更方便线上共同体交流,增强了学习实效。学生在这样的深度阅读之后,进行阅读相关内容的写作。学生在读写活动中展示了自己的思维和思想,成为言语上的自我实现者,开拓了读写一体的言语生命新视域。

（三）小组漂流日记助力习惯养成

居家学习期间，教师一直带领班级学生坚持写漂流日记，以微信学习小组为单位，每人每周固定写一篇，并在小组内分享，鼓励同伴之间互评，家长自由参评。同伴之间互评，能够有效地引导学生去欣赏同学习作的优点，并学会提出修改意见，由此反观自身，对自己的习作也会有借鉴和启发。对于细节出彩的习作，教师会分享到钉钉群中，与全班同学一起学习。从4月至7月放假前夕，学生累计完成漂流日记351篇，同伴之间相互点评151次。学生和家长都表示习作水平有了很大的提高。

阅读与写作是异质同构的过程。疫情期间，指向意义建构的读写结合实践活动为学生营造了多元表达的教学环境和氛围，让学生的读写活动与世界、人、事件、想法和经验的探索同时进行，指导学生成为更好的学习者、思考者和对话者，读写活动由此与培育精神、培育思想和培育人格同步进行。

基于线上学习的语文阅读教学研究

北京市朝阳外国语学校　王姿

在新课程改革的背景下,现代信息技术应用于小学语文阅读教学是实现教学目标、优化教学结构和丰富教学资源的重要举措。多媒体技术可以为学生提供丰富的学习素材,使理论化的知识变得更直观、具体,激发学生的学习兴趣,增强学生对语文阅读的积极性。在抗击新冠疫情的大背景下,我国教育行业普遍将传统课堂教学转为线上直播教学,线上教学模式不仅可以更好地锻炼学生自主学习能力,而且能让教师有更多的时间为学生精心准备教学视频和材料。

语文教师要了解学生学习需求,通过换位思考设计生活化情境,注重学生情感体验,让学生在语文学习时还景于情,要善用情境营造氛围,开阔学生生活化视野。同时,创设过程要从学生知识储备和已有经验出发,让鲜活灵动的生活化元素在课堂教学中绽放光彩。

一、源于时事和生活的素材收集及课程设计

从生活化元素入手,有效借助多媒体辅助工具等,让学生在课堂上感受和接触生活。借助媒体技术营造教学情境,在情境中渗透生活化元素,帮助学生有效获取和掌握新知,激发阅读兴趣。

(一)以"走近武汉"系列阅读课程为例

庚子年初,有一个城市的名字反复出现在每个人的耳旁,它就是"武汉"。自古以来,武汉这座城市就受到无数文人雅客的青睐,留下了许多脍炙人口的名篇佳句。这些年,武汉已经发展成为中国中部地区的中心城市,长江经济带核心城市,全面创新改革试验区,全国重要的工业基地、科教基

地和综合交通枢纽。收集、整合有关武汉的资料及阅读素材，推出"走近武汉"系列的群文阅读，能够很好地激发学生的阅读兴趣。

(二)以"走近泰山"系列阅读课程为例

2020年，新冠疫情暴发，在抗疫期间，涌现出无数感人的故事。山东大学齐鲁医院"两地书"栏目中一篇名为《你们是真正的新时代泰山"挑山工"》的新时代"战地家书"走进了全国人民的视野，感动了无数中国人。

在这次战斗中，我们向你们学习了更深层次救死扶伤、大爱无疆的医者仁心精神，见证了顽强拼搏、大公无私、舍生忘死的英雄气概，你们是真正的新时代泰山"挑山工"。感谢你们在工作、生活中的不吝赐教、时时关心、处处照顾……

千百年来，泰山屹立在齐鲁大地上，用它伟岸挺拔的身躯激励着一代又一代中华儿女。与泰山有关的文学、书法、名篇不计其数，以"走近泰山"为主线的群文阅读应运而生。

二、借助多媒体及线上教学手段的导读设计

线上阅读教学为阅读教学提供了更灵活的途径。为了提高学生的阅读兴趣，增强对文章的领悟力，阅读教学可以找准生活与课堂的结合点，让生活为阅读教学提供更广阔的天地。这就要求语文教师学会在生活中发掘教学内容，创造性地将生活经验呈现在课堂上，拓展课堂教学，延伸语文生活化教学的触角。

以时事、生活实际、已有的学习积累为突破口，利用多媒体设备、线上学习平台等为学生创设引读，用生活中的经历帮助学生更好地理解文本，激活阅读活力和激情，引导学生欣赏生活美和文本美，进而达到积累语言和提升阅读理解能力的目的。

(一)欣赏美图，了解时事，聚焦热点问题

作为最先暴发疫情的城市，武汉在2020年初成为备受全国关注的城市，

学生通过新闻、广播、网络等手段对武汉这座城市有了一定的了解，但大家看到的都是全国各地对武汉的驰援，都是医务工作者对武汉的"挺身而出"。武汉是一座英雄的城市，但武汉也是一座久负盛名的城市、一座美丽的城市，是一座现代化、繁华的大都市。

在"走近武汉"系列阅读中，教师在导读中利用大量图片向学生展示了武汉的"美"，进而用资料向学生展示，这些年，武汉已经发展成为中国中部地区的中心城市，长江经济带核心城市，全面创新改革试验区，全国重要的工业基地、科教基地和综合交通枢纽，为后面引导学生理解"逆行者"的付出做好铺垫。

接着，导读中引用了唐代诗人崔颢的《黄鹤楼》、毛泽东的《菩萨蛮·黄鹤楼》及唐代阎伯理的古文名篇《黄鹤楼记（片段）》，让学生借由文学化的描述进一步了解黄鹤楼，了解武汉，为阅读做好引导。

（二）鉴赏佳句，博览古今，领悟精神内涵

千百年来，泰山屹立在齐鲁大地上，用它伟岸挺拔的身躯激励着一代又一代中华儿女。在泰山悠久的历史和璀璨的文化中，始终有一个群体与泰山伴生共存。他们终日默默攀登在泰山登山道上，用一根扁担、两条绳子，挑出了泰山的"天上的街市"，挑出了泰山游客灿烂的笑容，挑出了泰山的壮丽多娇。他们，就是泰山挑山工。

在"走近泰山"系列阅读中，教师先引用了论语中的名言"智者乐水，仁者乐山"引起学生的阅读兴趣。泰山，又称"岱山""岱宗""东岳"，春秋时期始称"泰山"。早在2500多年前，泰山就成为我国的名山大岳，为人们传唱。我国最早的诗歌总集《诗经》中有名句："泰山岩岩，鲁邦所詹。"泰山是中华民族精神的家园，寄托了"国泰民安"的民族夙愿，积淀了中华民族自强不息、薪火相传的精神追求。国学大师季羡林誉其为"国之魂魄、民之肝胆"。

五岳中，泰山不是最高的，也不是最美的，更谈不上最险峻，为什么泰山一直被认为是中国名山之首呢？由此引出古诗《望岳》、泰山的相关谚语和毛泽东的《为人民服务（节选）》，让学生借助文学作品进一步了解泰山，并初步理解，泰山之所以被称为"五岳之尊"，是在于它所承载的精神，为后面的短文阅读做好铺垫。

三、基于年级特点及分层设计的阅读练习

阅读教学是语文教学的核心，学生阅读兴趣的培养、阅读能力的提升、阅读习惯的养成等都要通过阅读教学来实现。"理解"目前已经成为教学中的一项重要的价值追求。目前，阅读理解材料及题型设计依然存在两方面的问题：一是阅读教学研究的关注点主要集中在教师，缺乏对学生的关注；二是"理解"作为一个关键词已经进入各研究者的视野，但是对于理解与阅读教学的宏观理论探讨居多，实践研究较少。由此可见，将阅读教学置于"学生理解视域"下进行探究则显得尤为重要。

从学生生活实际及身边时事入手收集阅读素材，根据本校或者本班学生的实际情况设计相关题型，充分关注"学生理解视域"，成为阅读理解训练设计成功的关键。分层设计题目，让各个层次的学生都能够得到充分的训练，在夯实基础的前提下，适度拓展，逐步提升阅读能力。

（一）紧跟时政，通过故事探寻人物品质

在武汉的危难时刻，有这样一群人毅然决然地选择"逆行"，他们是疫情期间"最美的逆行者"。也正是他们，在民众的心中筑起了可靠的隔离墙……一篇名为《最美逆行者》的阅读理解材料，能够很好地激发学生的阅读兴趣，引发学生的思考。

针对文本，在阅读中分别设计了三个题目：（1）作者分别从哪四方面来赞颂"最美逆行者"？这道题旨在考查学生对文章的初步理解以及对文章结构的梳理情况。（2）"最美逆行者"，美在心灵，美在品质，美在行动，他们具备怎样的精神品质呢？请你谈一谈并说明你的理由。这个问题借由文中的具体事例引发学生对人物品质的理解，既考查了学生的理解归纳能力，也能进一步体现阅读理解的育人价值。（3）读了本文后，你想对"最美逆行者"说些什么呢？此题有两个层次的作答选择，可以选择用排比+比喻的修辞方法，写一段话（不少于100字），也可以选取一首与"最美逆行者"相关的诗歌、文章等录制朗诵视频。

（二）由景及人，推荐阅读拓宽视野

作为闻名遐迩的风景名胜，泰山每年都吸引着无数游人去游览观光。登泰山观日出，欣赏擎天捧日的奇景。一篇《登泰山观日出》带领学生进一步领略泰山风景，其中最后一题"文中加点句子写到'我被大爷的精神所鼓舞'，请你联系文章谈谈大爷的精神到底是什么精神"，初步引发学生对人物精神的思考，为阅读《挑山工》做好铺垫。

领略完泰山日出的绚烂后，教师带领学生走近泰山上一个不太引人注意的身影——挑山工。在泰山悠久的历史和璀璨的文化中，他们始终与泰山伴生共存。千百年来，他们早已与巍峨泰山、日出日落、苍松翠柏融为一体，编织了一幅"天人合一"的绚丽画卷，并成为这幅画卷中最亮丽的风景——"行走的最美脊梁"。

在《挑山工》这篇阅读理解材料中，重点探究"泰山精神"。例如，题目："请你用横线画出挑山工蕴含哲理的话，思考他想告诉我们的哲理是什么？"选作题目："挑山工的精神或许代表着一种进取精神，你读过的文章或者了解的人中还有哪些体现这种精神的，请举一两个例子并加以说明。"

身比泰山矮，志比泰山高；肩挑泰山重，足下众山小。泰山是中华民族的精神标识，博大厚重的泰山养育了泰山挑山工这一独特群体，也孕育了以"埋头苦干、勇挑重担、永不懈怠、一往无前"为内涵的泰山精神。疫情期间，有人说，无私的"白衣天使们"就是新时代的"泰山挑山工"。出示拓展阅读——新时代"战地家书"。全方位做到由景及人，在引发学生对人物品质和"泰山精神"的进一步思考的基础上，拓展阅读。

最后，发起以班级网上共同成长小组为单位的"阅读挑战赛"。冯骥才的《挑山工》、姚鼐的《登泰山记》、李健吾的《雨中登泰山》和杨朔的《泰山极顶》并称现代泰山四大著名散文，引导学生对其进行阅读，从不同角度继续发现泰山的美，并在小组内进行阅读分享会。

从贴近学生生活实际的热点问题、时政入手，选取专题性群文阅读；精心设计导读；由导读入手，精心选编阅读理解材料，并根据学生实际情况设计训练题型，做到分层布置任务，既夯实了基础，又注重阅读能力的提升。在线上教学期间，对提高学生的阅读理解能力有了很大的帮助。

立德树人根本任务下小学数学线上深度学习路径初探

北京市东城区史家胡同小学　刘斐

突然到来的新冠疫情，使得居家学习成为新的教育场域。面对学习场景、学习资源、学习形式、学习内容、学习工具、学习同伴等方面发生的变化，在线上教学这个新的领域中，该如何促进学生居家深度学习呢？本文试图立足小学数学学科，在立德树人根本任务下，依托深度学习理论，结合线上学习的特点从整体把握教材、回归数学本质、问题驱动思考、引领研究深入，构建知识网络、提升学习效能，多元表征、深化知识理解四个方面，探索在线上学习中促进学生深度学习的可行性路径。

一、线上开展深度学习的特点及价值

线上教学对学生的学习热情、时间管理、自律自强提出更高要求；与此同时，新知识、新课堂、新模式对教师也提出了新要求。一个主题的课程方案平均修订5版，20分钟的微课反复录制6次以上，每个教学小组的教学准备线上会议10次以上，教学微信群讨论超越"千言万语"……教师们在筹备、试讲、分享、答疑等各个环节精心准备，只为"精彩"呈现。[1]

小学数学深度学习是以数学学科的核心内容为载体，以提升学生的数学核心素养为目标，在整体分析与理解相关内容本质的基础上，提炼深度探究的目标与主题，了解学生学习特定内容的状况，通过精心设计问题情境，引发学生认知冲突，引导学生全身心参与学习活动，围绕具有挑战性的学习主

---

[1] 安富海. 促进深度学习的课堂教学策略研究[J]. 课程·教材·教法，2014（11）：57-62.

题深度探究，使学生体验成功、获得发展的有意义的学习过程。[1]

二、线上开展深度学习的路径探索

深度学习注重知识学习的批判性思考、强调学习内容的有机整合、着意学习过程的建构与反思、重视学习的迁移运用和问题解决的特点，决定了在小学数学线上学习中引导学生进行"深度学习"，需要教师整体把握教材，重构教学内容，凸显教学内容的数学本质，挖掘其中所蕴含的思维方法，系统分析学习内容，教师、学生和学习环境的特征及相互关系。在此基础上，确定具体的教学目标，设计体现小学数学深度学习特征的教学活动，并在线上学习中关注学生的学习过程，引导学生自主经历有意义的学习过程，使其成为具有独立性、批判性、创造性的学习者。

（一）整体把握教材，回归数学本质

线上学习的特点要求教师在有限的时间内，引导学生高效地完成学习任务，这样整合成为必然的选择，整体把握教材，回归数学本质成为必然的诉求。读懂课标、读懂儿童、读懂教材是整体把握数学教材的前提。在此基础上，教师需要用现代数学的观念去审视和处理教材，向学生传递一个完整的数学思想，帮助学生建立一个融会贯通的数学认知结构。从整体上把握教材，也使我们更加清楚地看出本单元研究的重点是什么，学生的认知基础是什么，后续还将研究什么。

教师在研读课标的时候需要关注课标对本学段的要求是什么，和前后学段相比，本学段有哪些不同之处，哪些要求是前段的延伸，哪些要求是为下一个学段做准备。教师在读懂学生的时候需要关注该阶段学生的心身特点是怎么样的，学生已有的知识和经验有哪些，为了达成学习目标还需要提供哪些资源，以往有哪些成功的经验可以借鉴等。教师在读懂教材的时候需要关注教材的编写意图和体例是什么，教材的整体结构是什么，蕴含着哪些数学思想方法，哪些知识可以整合或与其他学科融合，例题和练习题的层次是怎

---

[1] 马云鹏.深度学习的理解与实践模式［J］.课程·教材·教法，2017（4）：60-67.

么样的等。

(二)问题驱动思考,引领研究深入

在这个不断变化且日益复杂的时代,问题意识正变得越来越有价值。未来需要的不是知道答案的人,而是能够提出美丽问题的人。用问题驱动思考,引领探究深入是深度学习的另一个重要途径。

面对线上教学的新场景,更需要教师精心设计问题,以问题驱动学生深入学习。提问就像一面镜子,能让教师摸清学生的想法。在提问和回答的过程中,有利于发展学生的发散思维能力、聚合思维能力和元认知思考能力,使其逐渐变成更自信的学习者。掌握提问技巧很重要,可以对学生选择问题焦点,介绍提问规则,刺激学生提问,并教授学生完善问题,按优先级排序选择最优问题,鼓励学生反思问题这一完整过程进行培养。[1]

教师要始终以问题为导向,在线上教学中分四个模块引导学生在实践探索中进行深度学习。下面以"玩转陀螺"一课为例进行说明。

1. 回眸历史——介绍所选主题的历史渊源

每一个主题的"品源至慧"课程,在实施的时候都会引导学生自主通过书籍、网络等途径主动查找资料,了解这个主题的历史背景,并在这个过程中,有意识地培养学生的信息收集和整理的能力。

五年级的"玩转陀螺"一课在一开始就以谜语导入:"独脚尖尖腰儿圆,绳子绕在身上边,挣脱束缚获自由,乐得地上转圈圈",一下子就吸引了学生的注意力,然后,以文物为主线,带领学生漫步陀螺的历史,感悟传统文化的魅力,学生的情绪一下就高涨起来。

2. 走进文化——聚焦所选主题的数学元素

在学生对主题背景有所了解的基础上,通过视频引导学生提出和发现其中所蕴含的数学元素,并将其与学过的数学知识相呼应。让学生从文化中了解和感受数学,既丰富学生对数学发展的整体认识,拓宽学生的学习领域,又激发学生学习数学的兴趣和学习的欲望,达到数学教育的育人功能。

---

[1] 丹·罗斯坦,鲁兹·桑塔纳. 老师怎么教,学生才会提问[M]. 李晨,译. 北京:中国青年出版社,2013.

"玩转陀螺"在本环节以两个大问题"你见过哪些不同玩法的陀螺"和"旋转时间最长的陀螺能转多久呢"引领学生去探究与陀螺旋转有关的知识，这样一来，学生在感觉好玩的同时，又能体悟其中所蕴藏的数学知识。

3. 实践体验——体悟所选主题的数学魅力

利用居家学习的便利，增加学生动手实践的能力。精心设计基于居家学习实际情况的实验材料，意图让每一位学生都能利用周边的材料，通过动手实践的方式增强学生对数学知识的理解，培养学生的空间想象能力。在实践过程中，通过设计出具体的问题情景，引导学生进行思考，鼓励学生发表自己的意见，并通过微信、班级社群等线上途径与同伴交流，从而培养学生合作交流的能力。

"玩转陀螺"在前面两个环节中已经充分激发了学生的学习热情——多想亲手玩一玩陀螺啊！可是疫情期间哪来的陀螺啊？备课教师进行了很好的预设，特意在这个环节引导学生利用家里能找到的素材自制手捻陀螺。"借助你身边现有的材料发挥创造，制作一个陀螺，看看你的小陀螺能旋转多长时间呢？"而这一天的"品源至慧"课程也戛然而止。以问题开始，又以问题结束，留给学生的是发自内心的想要动手一试。晚上班级微信群的交流也充分印证了学生的动手操作能力是多么强大。

4. 拓展习得——反思所选主题的数学意蕴

该环节主要在于引导学生用数学的眼光观察世界、用数学的语言表达世界。充分挖掘现实生活中所蕴含的大量的数学信息及数学应用，引导学生面对实际问题时，能主动地尝试从数学的角度运用知识和方法去解决问题，能主动地寻找其实际背景，提高运用意识，并有意识地引导学生反思学习过程中的收获与体悟，思考内化在主题活动中所领会到的基本经验和基本思想方法，从而为数学素养的提升奠定基础。

"玩转陀螺"在这个环节是第二课时。经过两天的探索，学生们做出的陀螺是什么样子的呢？一组学生的作品跃然屏幕，不少同学备受启发，恨不得立刻进行尝试。在学生跃跃欲试的状态下，课程又在问题的引领下进一步深入了：运动中的陀螺为什么不会倾倒呢？背后又隐藏着哪些道理呢？伴随着教师的娓娓道来，学生恍然大悟。原本以为课程到这里就要结束了，谁知，又一个问题闪现出来："怎样让陀螺转得更久呢？"在学生的头脑风暴下，一个又一个的影响因素被提出来，至此，几乎不用教师再引导，学生积极主动地验证试验也就水到渠成了，以至于对这个问题的探索在后续好几天的班级微信中都一直被作为焦点进行谈论。

总之，在线上教学中，充分鼓励学生提出自己的问题，优化自己的问题，并试图和同伴一起去解决面对的问题，学生将会成为更成功、更自主的终生学习者。

（三）构建知识网络，提升学习效能

构建知识网络的做法与深度学习的特点密切相关，不管是对知识学习的批判性思考还是对学习内容的有机整合，或是对学习过程的建构与反思，或是对学习的迁移运用和问题解决，都需要教师引导学生将新获取的知识融入到已有的知识网络中来构建新的认知结构，从而使学习真正发生，学习的效能真正获得提升。

构建知识网络其实是一个高屋建瓴的问题，需要抓住知识点的学科本质，需要全面理解所要建立网络体系的知识，需要找准构建对象的核心及周边要点的逻辑关系。当然，学生对知识点的了解度、知识体系的严谨性、学科结构的合理性、知识内容的广泛性和相关性则决定了所建立知识网络结构的合理程度。

比如在"小数意义"教学中，在线上教学的总结阶段，用师生共同构建的思维导图代替"今天你有什么收获"这种传统的结课方式，更能加深学生对小数的本质是十进分数的另一种表现形式的理解。

总之，思维可视化使得构建结构合理的动态知识网络成为可能，也使其成为助推学生深度学习的又一有力的路径。

（四）多元表征，深化知识理解

多元表征就是基于学生的认知规律，对学习对象进行心理多元认知编码并与之建立对应、建构意义联系，从而建构"内化—联系—外化"的数学深度学习系统。《义务教育数学课程标准（2022年版）》指出："借助几何直观可以把复杂的数学问题变得简明、形象，有助于探索解决问题的思路，预测结果。"由此可以看出其对学生多元表征方式的关注。数学学习对象多样化呈现有利于数学知识的多元建构；数学内在表征的多元联系有利于数学表征的转换转译；数学内在表征的多元外化有利于数学思维的可视化，让学生的数学学习深度发生。

在数学的学习中，通过真实情景的创设，使学生在活动中经历动作表征、图形图像表征、符号化表征、语言表征等方式，从而步步深入，逐步学会像数学家一样数学地思考，在再创造中将现实情境逐步抽象成数学模型。比如在"小数意义"教学中，如何能更好地促进学生理解小数的本质是十进分数的另一种表现形式呢？除了提供多元的数据外，引导学生通过表征加深对小数意义的理解显得至关重要。

教师借助"你能在正方形中表示出 0.536 吗？"这个问题，从长度引入，让学生去估量、比划，最后动手分一分、画一画，经历平均分的过程。在画的过程中感知并理解小数与十进分数之间的联系，同时，让学生经历从直观模型到抽象数学模型的建构过程。不仅借助米尺表示 0.536 米，还要上升到抽象的图形化素材，引导学生利用不同的几何图形（线段、长方形、正方形、圆形）再次进行丰富的表征。通过提出"这些图形的形状不同，为什么都能表示 0.536 呢？"这一问题，使学生在对比归纳中明白"小数表示的意义"的关键特征：平均分成 1000 份，取了其中的 536 份就可以用 0.536 表示。这样把数与形在同一时空呈现，将小数具体化、形象化，在不同中看到相同，在变化中看到不变，完善建构一位小数的意义。

正如马云鹏教授所认为的：深度学习作为一种教学理解和教学设计模式，旨在通过整体的教学内容分析，设计有助于学生深度思考的教学活动，使体现学科本质、关注学习过程和富有深度思考的学习活动真正发生。因此，小学数学线上深度学习的探索更需要一线教师在教育理论的引导下，在具体的线上教学实践中为真正学习活动的发生而不断地探索、前行，切实为立德树人这一根本任务的落实助力。

中篇

学 生 发 展 指 导

疫情背景下学生综合素质评价体系的健全与实施

北京市通州区潞河中学附属学校　孙会芹　商学芳

潞河中学附属学校，于2014年9月在北京市城乡一体化建设发展的背景下建立。自建校之日起，学校就传承了百年潞河"人格教育"的办学理念。学校准确把握教育改革新形势，立足学校实际，全面贯彻党的教育方针，全员、全过程、全方位落实立德树人根本任务；深刻领会并积极落实市、区教委小教科、研修中心教科所关于评价工作的指导意见，在掌握评价方法的基础上，以全面培养"'人格健全　志正修远'的潞河好少年"为目标，以人为本，把"促进学生的全面发展"作为评价的终极目标。改革、创新评价学生的方法与形式，丰富评价内容，规范学校评价工作，我们将"'潞河之星'评价体系"与《小学生综合素质发展评价手册》进行深度对接，健全综合素质评价体系，全面提升学生自我管理的能力。几年来，学校在传承中发展，在发展中积淀，在积淀中创新，获得了社会的高度认可。

2020年初，突如其来的一场疫情改变了人们的生活。疫情之下，我们再一次对教育本质、课程目标、评价方法等进行了深度思考：更多地让学生能够从家国情怀乃至人类福祉角度出发，重视学科融合，开展多学科联动式教育教学活动，实现身心健康、科学精神、自主发展、责任担当等必备品格和关键能力的和谐统一。结合疫情期间的特殊学习形态，基于"立德树人　五育并举"的教育理念，"延期开学不停学"阶段的课程目标凸显了"人格健全　志正修远"。我们将这次疫情作为教科书，挖掘防控疫情中的育人元素，通过引导学生亲眼看、动手做、积极悟，让鲜活的生活经历促进学生自我评价和生命成长；同时，指导学生把爱国情、强国志、报国行自觉融入实际行动，成就更加优秀的自己，让"人格健全　志正修远"的价值观引领学生成长为有温度、会思考、能担当的社会小公民。

在学习知识之外，我们深知，要培养全面发展的人，不仅要从供给侧角度提供精准化服务，更重要的是要有符合实际、立足过程、强调发展的综合素质评价作为手段来促进育人。因此，综合素质评价要以学生发展为核心，将评价贯穿于日常的教育教学活动中，记录学生的成长过程，运用评价反馈引导学生不断自我调整和修正，形成自我管理能力，促进学生全面健康成长。我们努力探索适合学生发展的综合素质评价的运行机制和评价方案，健全综合素质评价体系，实现了综合素质评价的全员、全程、全面，更重要的是实现学生自我管理能力的提升，并让综合素质评价成为班级平台人人展示、人人关注的媒介。

一、立足疫情育人实际，形成发展性评价体系

（一）育人为本，整体构建

疫情来临后，我们在"立德树人　五育并举"的理念引领下，着眼于学生明天的发展，以"人格健全　志正修远"的价值观引领，以培养"'人格健全　志正修远'的潞河好少年"为育人目标，以星级评价为途径，五育并举评价为重点，整体构建评价体系，促进学生综合素养提升，努力形成"一中心，四主线，四全面"的育人新格局，即：以育人目标为中心，通过线上、线下、家庭和活动四条主线，全员、全方位、全学科、全过程评价，从思想道德、学业成就、身心健康、审美的素养和个性发展五个维度尝试进行评价，把学生发展的目标和综合评价的标准合二为一，让学生每一天都过得充实而精彩，为他们的幸福人生奠基。

依据《小学生综合素质评价手册》，我们重新构建了"'潞河之星'评价体系"（图1）。以过程为考量，以评价促发展。

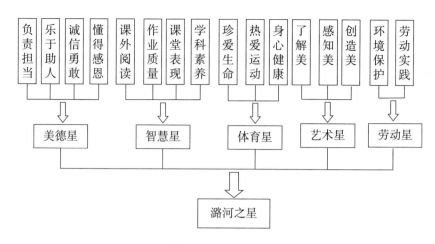

图 1 "潞河之星"评价体系

（二）聚焦问题，制定评价课程

突如其来的疫情，让学生不得不开始居家学习新阶段。为了更好地充实学生居家学习期间的生活，让学生在战"疫"中获得新的成长，潞河中学附属学校前期通过调查问卷发现：学生的居家生活比较单调，使用电子产品每天超过 2 个小时的人数居多；部分学生每天运动不足 1 小时，家务劳动参与较少；学生的假期生活安排松散，自我管理能力不强。为此，我们基于学生现状、疫情时期的特殊情况，制定了基于五育并举的"战'疫'成长 养正修远"评价课程（表 1）。

表 1 "战'疫'成长 养正修远"评价课程

板块与主题	评价目标	核心素养	评价内容	评价主体
家校共育美德相伴	1. 通过线上家长会、家访，与家长沟通，发挥家长和学校的作用，维护学生身心健康，培养学生养成良好的生活、学习、卫生习惯，使学生有能力面对困难，克服困难。	人文情怀国家意识爱国精神责任担当	1. 构建班级、年级、校级成长导师团队，巩固家校合作共同体。2. 通过微信群、超星等平台，促进家长、教师交流。3. 成立网上家长学校，从疫情防控、自主学习、情绪管理等多方面给家长教育支招。	美术、语文、道德与法治、科学等学科教师、班主任、学生及家长

中篇 学生发展指导 093

续表

板块与主题	评价目标	核心素养	评价内容	评价主体
家校共育 美德相伴	2. 培养学生家国情怀、责任担当，学会珍爱生命、敬畏自然，学会感恩。	人文情怀 国家意识 爱国精神 责任担当	4. 召开系列线上主题教育"珍爱生命 同心抗疫""珍爱生命 敬畏自然""家国情怀 责任担当"。 5. 组织召开"致敬'逆行者'""礼赞白衣天使"系列活动。 6."中国之诺 我们之诺"班会。	美术、语文、道德与法治、科学等学科教师、班主任、学生及家长
经典阅读 每天益智	1. 进一步明确目标和责任，提升交往与合作能力。 2. 提高学科素养，丰富知识，提高能力。 3. 培养坚持不懈的意志，养成良好的学习习惯。	人文积淀 科学素养 探究意识 国家意识 政治认同 合作担当 学会学习	实践体验课程： "我眼中的汉字" "清明诗词朗诵大会" "我的战'疫'故事绘本创作" "我眼中的英雄"征文、演讲大赛 "空中诗会飞花令" "传统文化节日体验" "我和春天有个约会" "数据下的家国情怀" "洗手与健康" "口罩的前世今生" "微生命大探秘"	体育、数学、语文、科学、美术、道德与法治、音乐等相关综合实践教师、家长
体育卫生 每日健康	锻炼身体，增强体能，体验运动的乐趣和成功，养成体育运动的习惯，宅家不停练，养成积极乐观、阳光向上的生活习惯。	身心健康 学会学习 实践创新	"宅家运动"系列微课 网络运动会 体质健康天天练 眼保健操 口罩的正确戴法 正确洗手小微课	体育教师、班主任、家长、学生
艺术审美 一起抗疫	提高艺术修养、审美素养，充分发挥想象力和创造力，陶冶情操，培养完美的人格。	学会创新 审美情趣 感悟鉴赏 家国情怀 责任担当	致敬"逆行者"网络艺术节 "春风十里 感恩有你"书画艺术展	音乐、舞蹈、书画教师、学生及家长

续表

板块与主题	评价目标	核心素养	评价内容	评价主体
劳动生活创意美好	在活动中提升实践与问题解决能力，学会感恩，培养劳动能力和劳动素养，以劳修德、以劳益智、以劳健体、以劳育美。	勇于探究乐于探索实践创新创意表达责任担当	"向劳动者致敬""清洁整理我能行""我是厨房小达人""阳台种植我在行""创意生活更美好""微生物大探秘"	全体任课教师、家长

（三）细化落实，制定评价细则

根据学生年龄阶段心理健康特点，学校确定了分年级自我管理好习惯评价目标，如劳动生活创意美好课程中，一、二年级侧重以自理能力为目标，三、四年级侧重以居家生活本领为目标，五、六年级侧重以"我是家庭小主人"为目标，以此让学校在劳动实践中学习，即做中学、学中做。居家生活也不忘在"家事中成长"，在做好自我管理、提升能力的同时，帮助家人，减轻父母的负担，用小手担起自己的责任与爱。表2是分年级的劳动建议。

表2 "劳动创造美好"评价表

学 段	具体学习途径建议	具体评价内容建议	评价主题
一、二年级	1.通州区"名师课堂"网络课程推出了"家常便饭我能做"系列课程、"小家电的使用"系列课程等。 2.家长指导。	1.在家长的指导下完成生活与学习任务。 2.能够自己设置闹钟，养成规律的作息时间。 3.能够独立盥洗、洗漱、清洁个人卫生，会自己洗袜子及小件衣物。 4.学会整理自己的书包、小书桌，正确摆放物品，会削铅笔。 5.饭前盛饭、摆碗筷，饭后收拾、擦桌子、洗碗筷。	我是自理小能手

续表

学　段	具体学习途径建议	具体评价内容建议	评价主题
三、四年级	1. 通州区"名师课堂"网络课程推出了"家常便饭我能做"系列课程、"小家电的使用"系列课程等。 2. 家长指导。	1. 在家长的指导下独立完成生活与学习任务，养成规律的作息习惯。 2. 能够整理个人常用生活与学习用品。 3. 初步学会清洗个人轻薄衣物。 4. 洗切叶菜类及根茎花果类的蔬菜，会淘米。 5. 会铺床褥、叠被子、刷碗、洗茶杯等。 6. 能够进行简单的环境清扫和垃圾分类。	我是美食小达人
五、六年级		1. 能够独立完成生活与学习任务，养成规律的作息习惯。 2. 学会换、洗、晒小件衣物。 3. 在家长的指导下能够安全地完成择菜、洗菜、烹饪简单饭菜。 4. 能够分担收拾餐余等家务劳动。 5. 在家长的指导下能够安全地使用简单家用电器等。	今天我当家

二、多措并举，促学生自我管理能力提升

（一）"空中分享"助成长

1. 展示性评价

评价即育人，交流即成长。为了让宅在家里的学生能够有更多与他人沟通交流的机会，我们创新课程评价方式，构建每天定时在微信群、超星平台进行"五育并举"分享交流。微信群里既有班级之间的分享，也有班主任群中的展示，还有家长委员们的分享展示。平台打破班级边界，教师、学生、家长可以跨学科跨班级进行展示、分享、点赞交流，以此进行展示性课程评价。每个班级微信群以班主任为先锋带领各学科教师团队进驻，对学生的学习感受进行实时反馈与在线评价，让学习在对话中发生。

2. 目标引领性评价

为了让学生在居家学习生活中也能养成自觉自律的好习惯，学校开展了"目标引领我成长"活动。学生自愿申请成为"学习小标兵""防疫小明星""劳动小能手""运动小达人""阅读小榜样""艺术小明星"（通过填写申请表进行申请，见表3）。通过每天的线上展示、学科统整，每周家长、教师、学生一起总结，梳理目标达成情况，班级线上评选出一周小标兵，同时制订下一周目标计划。学校公众平台每周定期推出"自我管理我能行"板块，以此激励学生进步。这个过程是学生回味、自省、体验、思辨的过程，在目标引领下，学生的生活更加积极向上，延课也没有延成长。评价使孩子们收获了自信，收获了成长，更收获了好习惯！

表3 "自主管理我能行"项目学习——好习惯小达人申请表

我申请成为			
1.学习小标兵（　）2.防疫小明星（　）3.劳动小能手（　）4.运动小达人（　）5.阅读小榜样（　）6.艺术小明星（　）（画"√"）			
姓　名	班　级	第　周	完成情况（画"√"）
学习小标兵	认真制订并按时完成学习计划，做好时间管理，认真预习、复习，高质量完成作业。		
防疫小明星	积极宣传防疫知识，按要求做好防护工作：外出戴口罩，不聚集，勤洗手，知感恩，爱家庭，有担当，居家学习生活效果好。		
劳动小能手	能坚持自己的事情自己做，每天参加家务劳动：自己整理书桌、收拾碗筷等。		
运动小达人	能坚持每天锻炼身体1小时，认真做好眼保健操，积极分享运动视频。		
阅读小榜样	能坚持每天阅读半小时，通过讲故事、绘本创作、读后感、好书推荐等方式积极分享阅读成果。		
艺术小明星	能坚持每周以舞蹈、唱歌、书法、绘画、乐器等多种艺术形式表现，积极分享艺术活动。		
家长鉴评：同意（　） 　　　　　不同意（　）		老师鉴评：同意（　） 　　　　　不同意（　）	

3. 多元评价

传统教育评价偏重于选拔与甄别的鉴定功能，新课程倡导的评价则倾向于过程性、导向性、教育性，关注学生的主体参与。我们的评价方式引导学生关注过程，让学生在活动中提升反思与自我管理能力，让学生在课程实践中烙上学校的创想印记，走向未来的学习和生活。同时，教师和家长一起总结反思每一天的收获，通过线上班集成长共同体的构建，小组合作、同伴分享的形式，让学生在评与被评中养成好习惯，形成自我管理的能力。

（二）家校合作共成长

1. 实施"双师制"构建班级成长共同体

疫情期间，学生的居家线上学习也给教师的工作带来了不小的困难。基于这种情况，我们重新构建班级学习共同体。学校实施"双师制"，即前方家长为"成长导师"，后方教师助力成长。家长在前方负责组织、管理、督促、激励、反馈学生的学习和生活，成了冲锋在前的"首席班主任"，教师们则成为后方助力者、组织者、家庭教育指导者、激励者、反馈评价者。各个班级建立学生学习小组，规定组长工作内容，如上课提醒、作业汇报、成果梳理、同伴互助、组织活动等；同时家长也成为学生的"成长导师"，组长的家长也成为导师组长，负责组织、成果反馈、美篇制作等。这期间，家校共制作美篇450份，分享、总结学生的收获和成长。学校公众号也会每天择优推荐教师、家长的典型经验，学生的优秀作品，以此激励学生、家长宅家生活也要精彩。

2. 制定"一日生活作息表"，实现学生的自我管理

自疫情暴发初期，学校便启动了"科学防控 健康生活 自我管理我能行"的活动，学校将"疫情危机"转化为"教育契机"，鼓励家长带领学生制定"一日生活作息表"，每日反馈评价，助力学生养成良好的居家生活习惯。活动中，各班展示了丰富的习惯养成内容，如二（3）班的厨艺大比拼、三（3）班的诗歌创作、三（6）班的美文诵读等，通过班主任动员，家长和学生共同制定目标，一对一个别辅导逐步进行，并在每天全班视频互动时自愿分享照片、视频等。师生及家长对此活动给予了高度肯定，家长表示："教师的专业支持和热情鼓励，为学生最终回归家庭生活提供了方式方

法，孩子每天坚持做一件事，慢慢从喜欢到主动完成，特别贴心，每天都有进步，让我们和孩子认识到坚持的力量，切实提高了孩子的生活兴趣，锻炼了孩子的自理能力，培养了孩子良好的动手能力，提高了孩子的自我管理能力，还有效促进其智力与个性的良好发展。"

三、形成综合素质评价体系，全面提升学生自我管理的能力

（一）学科统整，家校协同，线上线下联动

潞河中学附属学校"战'疫'成长 养正修远"评价课程的构建是一次围绕学生学习开展的学校评价再变革，收到良好的效果：线上线下互动，家校联动，多维融合，完善了亲子关系，密切了家校合作，实现了"人格健全 志正修远"的育人目标。学生、家长、教师都在这场战"疫"中获得了成长，学校在对家长的课程调查中获得了高满意度。

形式多样的评价为学生搭建了成长的支架，引导学生自主安排、自主学习、自主成长。在"居家生活"这一线下场景中，有意义的学习得以发生在真实的生活情境之中。学生可以把一日生活都视为自己的学习内容，父母也成为学生学习的重要资源。学生得以在居家生活和亲子沟通中体验"做中学、学中悟"的真实学习过程。

有学生感言："学校的老师们和爸爸妈妈都说我们虽然小，但作为家庭的一分子也应该参加力所能及的家务劳动。所以我每天都会做家务——扫地、洗碗、包饺子，是名副其实的'劳动小能手'了。"

（二）危机亦契机，价值观引领，生活即教育

在"人格健全 志正修远"这一育人目标和课程目标指引下，我们引导学生感受知识学习之外的家国责任和社会担当。例如，经典诵读，每天益智课程"我心中的一个汉字"引发众多学生的共鸣，学生通过探究心中的汉字演变过程，并结合现实生活，反思汉字的力量，感受中华文化的同时传递正能量。

例如，有的孩子在探究了"家"字的字意和演变过程后，写道："我最喜欢的是一首歌词对'家'的解释。这首歌名字叫《国家》。歌词里唱到：'一

玉口中国，一瓦顶成家。都说国很大，其实一个家。一心装满国，一手撑起家。家是最小国，国是千万家。在世界的国，在天地的家。有了强的国，才有富的家。'如果大家仔细听这首歌，就会发现这几句词的最后一个字都是'家'。爱小家更要爱大国，爱大国就是爱小家，因为'有了强的国，才有富的家'。每一个人的小家都是我们这个大国里的一滴水。每一个人既是小家的一员，也是大国的一个'细胞'。我们每个人都要做一个健康的'细胞'，自觉勇敢地与有毒的'细胞'作斗争。当前，我们的小家和我们的大国正遭受着新冠疫情的侵扰，这是一场没有硝烟的战争，我们责无旁贷。也许我们还不具备与病毒短兵相接、近距离作战的本领，但此时此刻的我们保护好自己、照顾好家人就是最好的作战方式；遵守好特殊时期疫情防控的措施，养成常开窗、多通风、勤洗手等良好习惯，使我们这个'小细胞'始终处于健康的状态就是最好的爱国。'国是我的国，家是我的家。我爱我的国，我爱我的家。'愿无情的病毒早日被消灭，愿我们可亲可爱的白衣天使都能平安归来，回到自己心爱的'家'。"

可见，当知识学习与社会生活结合到一起的时候，学习的价值得以最大程度体现，立德树人这一根本任务得以真正落实。

生活即教育，疫情亦课堂。健全综合素质评价体系，全面提升学生自我管理能力，凝聚了教师、家长、社会的力量，促进了学校的整体发展和教育教学改革的深入。目前已经形成的常规的"四每"——每节课的激励、每天的点评、每周的评价与展示、每月的评价与展示，已落在了学生生活中的点滴，构成了育人体系，形成了长效机制，助力了师生家长的成长，激活了学生发展的动力引擎。

疫情这本"教科书"让孩子们更好地读懂了世界。我们相信，若干年后回顾这场疫情，孩子们的记忆里不仅仅只有"中国加油，武汉加油"的声援，更多的应是在这场战"疫"中，心怀家国、志存天下的内驱力的形成，尊重科学、独立思考的学习力的形成，五育并举、逐梦成长的生长力的形成！

以"说"促思，提高居家学习实效性

北京市朝阳区白家庄小学　梁丽娜

2020新年伊始，新冠疫情突然袭来。在这个特殊的时期，为响应教育部"停课不停学"的号召，教师们纷纷"各显神通"，迅速转变教学模式，将网络平台作为教育"主阵地"。对学生来说，这是自制力和自主学习的尝试；对教师来说，如何针对学生的差异化进行教学，因材施教，提高学习的实效性，更是一个巨大的考验。

一、"说题"产生记

（一）发现问题

从2020年4月13日起，北京市各个学校响应北京市教委的号召，学习新知识，进入新的学习模式，由复习旧知转变为观看市级"空中课堂"资源，按照统一课表组织开展学习并完成作业。起初，学生们完成作业的质量较好，我心里还在暗喜：通过观看市课，学生们对知识的掌握情况还真是不错。第二周我决定组织一次全班答疑，针对上一周的重点题、核心问题，通过提问的方式深入了解学生的学习情况。出乎我意料的是，除了个别学生答得较好，大部分学生都说不完整，有些知识学生完全不懂，整个直播过程并不是很顺利，直播后我陷入了深思。

（二）分析原因

难道学生交上来的作业质量都较好是假象？到底是什么原因导致出现这样的情况呢？通过对学生和家长进行线上调研，仔细思考后我归纳出两个原因：

（1）由于年龄的特点，处于低年级的学生做作业较依赖家长，不会的直接让父母讲解，当时可能是懂了，但并没有真正理解，而且大部分家长还会进行检查，改错后再提交。

（2）线上学习，学生观看市课，当没听懂时无法及时发问，也没时间及时整理，这样会出现师生教学分离的情况，虽然作业可能没什么问题，但对知识的掌握却是一知半解。

（三）思考

在静下心来反思最近学生居家学习情况过程后，我在想，这场学习的"战役"该如何打响？应该通过什么样的方式提高学生居家学习的实效性？我想到利用网络资源可以继续"说题"的模式，借助"说题"的模式不仅有利于培养学生的逻辑思维能力，开拓学生的思维空间，同时可以清晰地了解学生掌握知识的真实情况。

二、以"说"促思提高实效

语言是思维的外壳，从思维的开始，经历中间过程，再到结果，都要以语言来定型。在数学指导中想发展数学逻辑思维能力，就必须重视对学生的数学语言进行训练。通过"说"这条主线，促使学生思维活跃起来，是培养学生数学思维能力的有效策略之一。所以利用延学居家学习的契机，我重在线上指导学生"说题"，培养学生的综合能力，发展学生的数学核心素养。同时在学校"尊重"理念的引领下，我在班里开展了如下活动。

（一）引导"说"的规范

在班级分享群中，学生基本都能够说出如何解决，但准确、完整的思维过程并没有体现出来，只是对题意的表层理解。考虑这对于学生而言可能存在困难，为了让每一个学生都能完全理解，我认真研读每一周的学习内容，结合市课内容及本周的核心知识点，根据低年级学生的特点，亲自按照五步讲题步骤（审题—分析—确定方法—解答—检验）录制视频。下面以"一组有4个同学，有6组，一共有多少个同学？"这道典型题为例进行说明。

1. 读题审题

第一层：读题。我知道了两个已知条件，第一个是"一组有4个同学"，第二个是"有 6 组",问题是"一共有多少个同学"。

第二层:追问信息背后的意思。"一组有 4 个同学"的意思是:

(顺向思考)第一组有 4 个同学,第二组有 4 个同学,第三组也是 4 个同学……

(逆向思考)有 4 个同学就是一组,只要够 4 个同学就是一组。

"有 6 组"的意思是:有一组就有 4 个同学,这样的"组"有 6 组。

2. 分析数量关系

我们可以用画图的方法表示题目意思,理解数量关系。画 6 个圆形,表示有 6 组,每个圆形里画 4 个小圆点,表示每组有 4 个同学。

3. 确定方法

求"一共有多少个同学",就是求 6 个 4 是多少,可以用乘法计算。

4. 列式计算

列出算式 $6 \times 4 = 24$。

5. 检验

(1)这个算式用到了"四六二十四"这句乘法口诀,由此可以知道计算结果是正确的。

(2)可以借助乘法的意义,6×4 就是 6 个 4 或 4 个 6 相加,我们可以用 6+6+6+6 来检验计算结果是否正确。

(3)可以借助刚才的示意图,用 1 个小圆点表示 1 个同学,一组有 4 个同学就用 4 个小圆点表示,第二组也是 4 个,也用 4 个小圆点表示……这 6 组都是每组有 4 个同学,数一数圆点的个数,正好是 24 个,也能说明计算结果是正确的。

通过这样的示范,让学生有参考借鉴,规范"说"的方法,意在鼓励学生大胆、清晰地进行表达,发展学生的语言表达、逻辑思维能力。

(二)营造"说"的氛围

刚开始让学生按照这样的模式说题可能存在困难,所以班级群里分享的人比较少,大约有 25%。为了调动学生的积极性,我主要采用星级评价和小组竞争评价两种方式。

1. 星级评价

学生都是需要鼓励的。我继续沿用学校的星级评价制度,即在积累了一定的星级奖励后可完成自己的一个心愿。这一直是学生喜爱的方式，所以结合学校的争"星"内容，在"人人争当'数学小导师'"的活动中鼓励学生迈出第一步，同时制订了一个详细的争"星"计划，在计划表里让学生明白争"星"的具体要求是什么，通过这样的激励策略，鼓励学生在分享群里进行分享。我每日都会总结，并将得星情况在班级群内进行展示，每周会颁发"'说题'小达人"的电子奖状，对学生的成果给予肯定。学生也从中感受到成功的喜悦，激发了自己学习、"说题"的内驱力。

2. 小组竞争评价

个人的奖励多数学生都会非常努力去获得，但是总有一些学生对这些毫不在意。针对这样的学生，我又设置了小组竞赛的方式。与同伴的社会相互作用是儿童身心发展和社会化赖以实现的基本关系，积极互动会使个体之间相互鼓励和促进彼此的学习努力。我让学生自己组织了学习小组并选出组长，对每天说题的内容进行讨论，互相补充，组长进行统筹安排，保证组内的小伙伴都能够保质、保量地完成。我也会将优秀小组在群里进行公布，并给小组颁发奖状。我每天在小组中起到整体督促、调控的作用，通过小组竞争的形式大大激发了学生说题、讲题的动力。

3. 有温度的语言

在这种特殊的学习模式下，通过评价的方式可以增强学生学习的内驱力，但教师的评价语言显得尤为重要。我相信学生只有在"心理安全"和"心理自由"的条件下，才能获得最大程度的表现和发展。在宽容的氛围中，学生才会渐渐鼓起勇气，打开思维的闸门，并逐渐养成乐于思考的良好习惯，所以在分享群中评论时，我会采取"温暖"的语言进行指导，从对学生的称呼更加亲切开始，让他们感到老师的"爱"，同时找到他们的优点进行肯定，对于不足之处用委婉的语言做小提示，力争及时回复，让学生隔屏也能够感受到老师的鼓励和期待。温暖的话语可以让学生放下心中的忧虑，愿意参与到这样的分享活动中，在分享中互相学习，共同成长！经过这样的努力，学生的参与度越来越高，每天分享"说题"的人数有95%。

（三）分层挑战，鼓励"说"的新颖

《义务教育数学课程标准（2022年版）》提出："使得人人都能获得良好

的数学教育,不同的人在数学上得到不同的发展"。面对不同层次的学生,对于教学内容采取不同的方式,才能唤醒学生的求知欲望,激起学生的学习热情,最大限度满足每一个学生数学学习的需要,最大限度发展每一个学生的智慧潜能,让每一个学生获得不同的发展。

在网络平台学习过程中,学生的学习态度与学习需求并不是一成不变的,而是不断变化的。因此在网络平台学习中,学生从自身个体出发,以学习基础与学习能力作为选择基础。在学习某一内容时,进入相应的学习层次小组进行学习,每个小组都有基础题的讲解,有的组还会有2~3道挑战题,目的是鼓励不同层次的学生进行选择,鼓励学生多想多说。通过一个条件或特征说出与其有关的其他条件或特征,培养学生的发散性思维。在基础题指导后,可以发出挑战题,在挑战的过程中充分挖掘学生的潜能。学生在学习过程中,以自主学习为主,独立完成学习任务,并以小组学习为辅,共同探究学习过程,在小组学习中,可以互相请教,互相评价。

(四)关爱潜能生,让"说"深入每个孩子的心灵

不论采取多少种方法,总有特殊情况,学生的基础不同,家庭环境不同(家长能否帮助),学习效果也肯定不同。对基础薄弱的学生用集体共同学习的方法收效甚微,有人建议我建立一个潜能生群,在群里一起辅导,可以省时间,考虑到"如果建了这个群,家长会不会觉得自己的孩子被区别对待了?""其他家长知道了,会怎么想?"等情况,我决定采取以下策略来鼓励、激励学生的参与。

1. 分步讲解

我单独线上联系家长,咨询情况。家长反馈这样完整的"说题"过程对孩子而言有些困难,我仔细思考后,决定进行私人订制:让这几个孩子将五步讲题过程进行分割讲解,录完每一段后单独微信给我,我再逐个进行指导、鼓励,熟练后再尝试录制完整的视频,这样他们就不会有畏惧心理。

2. 转换角色

为了鼓励潜能生愿意主动参与学习的过程,我采用示弱的方法。比如,对于有挑战的讲题内容,他们可能存在烦躁的心理,我会对他们说:"这道题你做得非常好,能将你的思考过程试着给老师讲一讲吗?""咦?这道题应该怎么做?你能在小组里给大家当小老师讲解一下吗?"让潜能生做小老

师，更容易提高他们的学习兴趣。要充分挖掘学生的潜能，首先就要站在学生的立场上多表扬他们，而不是学生做不到就一味地责备，让学生得不到肯定，从而一而再再而三地失去安全感和信心。好学生是夸出来的，尤其是小学生，他们的内心很容易满足，多鼓励定会事半功倍！

虽然单独辅导占用了很多时间，但是看到学生们一点点的进步，到最后可以完整地把题讲清楚，我感到特别欣慰。我们不能让一个孩子掉队，更不能让爱成为一种负担。疫情期间，我们隔离不隔爱，在家校之间架起一座爱的桥梁！

（五）享受"说"的过程，感受"说"的变化

现在学生的讲题热情高涨。通过一段时间的坚持，我充分挖掘了学生的潜能。刚开始，学生只是单纯地模仿，坐在书桌前讲题，慢慢地发展到结合图声情并茂地讲题，再到能够大胆地站在镜头前边用手势边大声表达，真像个小老师！通过讲题，学生每天作业完成情况更好了，家长也反馈孩子的进步特别大，学习数学的兴趣越发高涨。在享受"说"的过程中真正做到了培养学生的语言表达、逻辑思维等综合能力。

三、以"说"促思的启示

延学期间通过对"说题"活动的坚持，学生不仅数学学习的积极性被激发了，在语言表达、逻辑思维能力等方面也取得了显著的效果。对于"说题"，我也有了一些新的思考。

（一）"说题"充分发挥学生的主体作用

现代教育教学强调，教学是教与学的交往和互动，师生双方相互交流、相互沟通、相互启发，在这个过程中，"说题"教学可以充分发挥学生的主体作用，让学生参与知识的发现、探索和应用的过程，强化独立意识，有效激发学生的学习兴趣，也增强了学生探索问题的驱动力。也就是说，对学生的知识与技能的形成、过程与方法的掌握、情感态度的体验都具有促进作用。

（二）"说题"有利于培养学生的创新意识

提供良好的网络"说题"氛围，能提高学生的参与度，要相信学生具有创新潜能，因为新的发现、新的见解往往是在讨论中产生的。给学生充足的思考时间，让学生动脑、动手、动口，发挥说的能力，发展智力，给学生提供充分发挥才能的机会，让学生自由发挥，增强其信心，锻炼其创造力。

（三）"说题"促进学生思维能力的发展

"说题"训练是对教学内容的巩固和发展，可以使练习增值。因为它能促使学生思考，挖掘学生的最大潜能，促进学生思维能力的发展，同时学生的探究心理也能得到充分的挖掘，成就感很容易在"说题"中获得。所以，尽可能放大"说题"的教学功能，做到"说"尽其用。

（四）对数学学习新的认识

数学是知识海洋中引导我们思维发展的船，数学教师应重视学生数学逻辑思维，乃至数学思想的培养。"说题"可以激发学生的思考潜能，将学生的逻辑思维能力引向深处，从而达成学生数学思维的强化甚至跃迁。学生在讲的过程中，调动的不仅仅是思维，还有眼、耳、口等的协调功能，更加深入地挖掘自主思考能力和探究潜能。我深深地感受到学生学习数学的快乐，这样的方式更能激发学生学习的内驱力，如果把这种方式延续到线下的学习中，定会使教学更加高效。

延学期间我们一直坚持以"说"促思的教学方式，师和生都是这场"战役"的亲历者和参与者，看到学生在此期间点滴的进步，每天都能有所收获，心里暖暖的。正如学校的教育理念所言：相信每个学生都有潜能，相信每个学生都能成功。教师应该用爱去呵护每一个生命，如同在祖校长致教师的一封信中所说："我坚信你的存在，一定能给孩子们带来温暖；你的存在一定能给孩子们带来力量；你的存在一定能给孩子们带来信心；你的存在一定能给孩子们带来期望。"疫情改变了教育方式，但是并未改变每一个教师教育的温度。只争朝夕，不负韶华！我们会不断努力，向着"四个引路人"的要求不断完善自己，一起呵护学生的成长！

培养网课学习习惯，提升居家学习实效

北京市朝阳区白家庄小学珑玺校区　唐若蓝

一、背景

2019—2020 学年的第二学期，因为新冠疫情，北京市所有中小学先后经历了延期开学和"空中课堂"学习阶段。这一调整和变化打乱了已经制订好的教学计划，让学生的学习时空发生了巨大转变。学生由和教师面对面的班级授课学习，变为了北京市统一的"空中课堂"网络学习；学习环境由教室、学校变为了居家自主学习，因此形成良好的网课学习习惯尤为重要。

教师和学生都是第一次接触"空中课堂"，以小学四年级语文学科为例，"空中课堂"每堂课 25 分钟左右，容量相当于线下课堂 40 分钟，而且课堂的思维含量较高，需要学生做好充分预习，并学会网课的听课方法，才能达到听课效果。四年级的语文"空中课堂"，学生应该怎样学？教师能给学生哪些关键性的指导？怎样激发学生的学习动力？我通过调研，从学生的角度验证，确定目标和重点，给学生以指导和帮助。

二、方法

（一）学会使用暂停键

"空中课堂"即将上线时，学生对于上网课很兴奋。通过问卷星和电话调研发现：大部分学生没有上网课的体验，觉得上网课就和看动画片、看电影一样，有引人入胜的故事情节，看的过程是一种视觉享受，看完也不用写观后感之类的"小作文",简直太爽了!小部分学生前期上过辅导机构的网络课程,但这些课程都有纸质配套的课程大纲和知识要点(相当于课堂笔记),学生一边听网课一边配合着看教辅资料,教师在重点地方会提示做标记,这样学起来也是驾轻就熟。

此次调研结果得出的结论是:学生以上两种状态都不适合"空中课堂"的学习。首先,如果像看动画片、看电影一样上网课,那么听完一遍课程就结束了,不会产生知识和能力的提升,可以说是一无所获。其次,如果根据以往上网课的经验去上课,以四年级语文学科为例,"空中课堂"25分钟左右的课时要涵盖平时40分钟的教学容量,中间没有预留学生朗读、听写、圈画、批注、思考的时间,教师也没有类似"同学们,这里很重要,请你圈画出来/批注下来"的提示,因此手里拿着教辅材料,等着教师重点提示的"老方法"就派不上用场。

在这个关键时刻,学生只有学会使用暂停键,在需要朗读、听写、圈画、批注、思考的时间点暂停,完成相应的课堂学习任务,才能达到教学要求,实现当堂课的学习目标。这对已经熟悉日常学习方法的学生来说是个不小的挑战。

为了帮助学生尽快熟悉这种教学模式,掌握学习方法,形成学习习惯,我在初期对学生提出了要求,以一张思维导图告诉学生需要准备的学习用具和要求,做好上网课的准备,为网课学习"热身"(图1)。

然后细致地指导学生何时使用暂停键,并逐步养成习惯。根据"空中课堂"的视频资源和播放进度,我会在上网课前一天听课,记下所有需要暂停的时间点,在网课当天的课前提示中给学生以指导:几分几秒暂停,完成老师的具体要求(图2),并布置相关的课后作业(图3)。

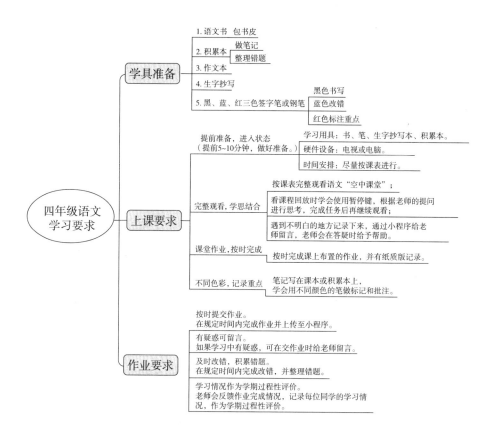

图 1　四年级语文学习要求

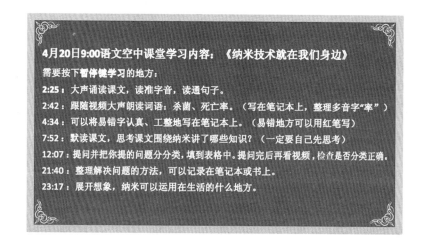

图 2　暂停的时间点和具体要求

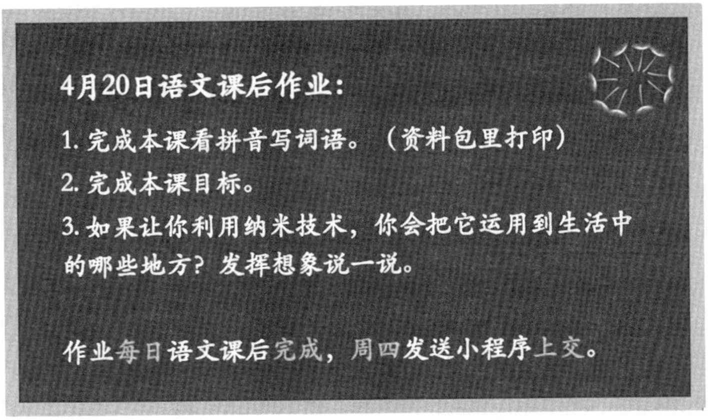

> **4月20日语文课后作业：**
> 1. 完成本课看拼音写词语。（资料包里打印）
> 2. 完成本课目标。
> 3. 如果让你利用纳米技术，你会把它运用到生活中的哪些地方？发挥想象说一说。
>
> 作业每日语文课后完成，周四发送小程序上交。

图3　课后作业提示

经过一个月的训练，通过与学生私信沟通，观察学生在班级学习群中的回复，我发现除了部分潜能生还没有养成使用暂停键的习惯外，大部分学生可以应对自如了。结合白家庄小学的教育理念——相信每个学生都有潜能，相信每个学生都能成功，针对这部分潜能生，我通过私信方式发送暂停指导，持续进行跟踪和培养。

（二）听课专注，笔记认真

在语文学习方面，我们坚持培养"不动笔墨不读书"的语文学习习惯。笔记是"温故知新"的学习资料，对中高年级的学习效果十分关键。首先学生要养成记笔记的习惯，其次要培养学生记好笔记的能力。

在寒假延续阶段，由于学生的学习方式已经变为居家学习，对学生的自主学习提出了更高要求，从那个阶段开始，我们注重培养学生记笔记的习惯。延期开学阶段，四年级语文学习主要分为两部分：古诗词主题式学习"走进诗词里的春天"和每周两篇阅读练习。学生做笔记集中在教师讲解阅读题的时候。

为了激励学生认真做好笔记，我以思维导图的方式告诉学生语文优秀阅读笔记评价标准：在原文圈画，批注答题思路和方法，改错正确率100%。按照当时学校教学安排每周2小时语文答疑，每次答疑前我都以思维导图的方式告诉学生当次的学习板块、时间和要求，答疑结束后晒笔记，将评价结果纳入优秀作业评价体系，累积优秀作业的次数。答疑课前提示如图 4 所示。

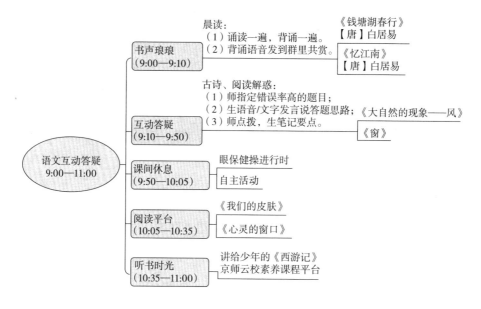

图 4　语文互动答疑课前提示

这一阶段鼓励并培养学生做笔记着实有效，在"空中课堂"学习阶段，大部分学生会主动做笔记。但新的问题出现了，查阅学生提交的笔记发现：部分学生的笔记记不全，遗漏课堂的重要内容，因此帮助学生把握学习重难点，知道在哪些地方做笔记，并且内容准确是这一阶段的主要目标。

我们确定用微课给学生指导，通过微课告诉学生笔记的重点内容。首先，回顾单元学习主题和语文要素，把握单元学习内容和要求，以语文要素（即单元学习要求）确定学习重点，做好每一课的圈画和批注。其次，语文基础知识中的词语读音、书写和辨意，作家和作品的文学常识等，也是笔记的主要内容。

到了中后期，班级同学记笔记的习惯养成得很好，即使当次作业没有上传笔记的要求，部分同学也会自主上传课堂笔记。有的学生对电子信息技术的使用有了提高，会使用笔记软件来做笔记，并用微信私信我，征求意见。这时我会给予肯定和鼓励，同时在班级学习群里晒一晒这位同学的笔记，鼓励学生结合自身情况，完成不同形式的笔记。

（三）累积优秀次数，获得免写特权

在校教学时曾有学生问我："唐老师，我们英语老师有免写卡，语文有没有免写卡啊？"在这个信息化高速发展的时代，成长于电子时代的学生不像我们小时候那样有大量书写练习，所以想要通过免写的方式少写或不写也是可以理解的。诚然，要让学生保持学习积极性，激励机制不可少，但语文的汉字和英语不同，表意文字的结构和笔画只有通过定量练习才能熟练掌握。所以要不要发放语文免写卡，我一直很犹豫。但这次长时间居家学习，时空局限让师生很多时候不能及时互动，想要给学生持续的激励，免写卡也是个不错的选择，我决定试一试。

确定使用免写卡后，我又开始了新一轮的思考和设计。首先，获得免写卡要有一定难度，这样才有足够的吸引力。其次，免写卡要实现一段时间的激励作用，不能仅仅针对某一次。最后，免写卡发放电子版，原创最好，让喜欢画画的同学设计班级专属免写卡。

基于以上的想法，最后确定的方案是：笔记和作业累积优秀六次可获得一张免写卡，获得免写卡的同学有免写特权，可用于支付一课生字抄写本。确定方案以后，我用思维导图的方式在每周的语文资源包中出示优秀笔记和作业的评价标准以及免写卡的获得方法，并在当周答疑视频中进行说明。

免写卡获得方法宣布之后激发了一股因"免写卡"引发的学习热情，平时学习好的学生攒着劲儿要每次得优，争取早日拿到班级第一张免写卡，借此"光耀门楣"；学习中等的学生开始"兢兢业业"，也想着每次都能得优，好累积优秀争取最后的免写卡；个别潜能生因免写卡的契机，通过微信私信和我建立联系。这段时间学生的书写有进步，做题也有进步，我立即发信息进行表扬，再定期联系家长，说说孩子的进步，这给已经复工正焦虑孩子学习的家长注入了信心：配合老师的要求做就能进步。这段时间优秀作业人数呈上升趋势。

免写卡是六次优秀可获得，持续激发了学生努力的动力。我任教语文的两个班级，先后有27位学生获得了免写卡，占总人数的38%。免写卡提高了学生记笔记和做作业的积极性，而学生认真做笔记、专心做作业势必推动学习效果的提升。从本轮结果来看，免写卡"初试"成功。

三、效果评价与延伸思考

（一）效果评价

从学习成绩的维度看，期末学校组织了云监考，所有学生在钉钉班级群参加了期末考试，我所任教的两个班的语文平均分在年级五个班级中，名次分别提升至第一名和第三名。

从参与活动的情况来看，学生积极参加学校组织的各级各类活动，先后在语文现代诗创作比赛（校级）、数学多米诺骨牌比赛（校级）、英语趣配音比赛（市级）等赛事中都有不错的表现，摘得奖项和荣誉。同时结合学校每期作品征集令，学生们的投稿作品源源不断，展示了居家学习、生活的状态和成果。

这段时间培养网课学习习惯取得了实效，大部分学生掌握了网课学习方法，并养成了网课学习习惯。结合白家庄小学的教育理念，对于个别潜能生，还需要教师和家长持续关注和培养，在原来的学习习惯基础上有所进步，慢慢靠近和达到我们的目标。

（二）延伸思考

1. 学习习惯的影响力

通过这段时间对网课学习习惯的观察、培养和检验效果，再次证明了学习习惯在小学学段的重要作用。学生养成良好的学习习惯，形成自主自律的学习状态，能够最终取得优异的学习效果。

2. 微课助力学生学习

通过梳理单元知识和把握学情，录制微课讲解知识重难点和易错点，能够有效帮助学生学习。在常态化教学中，根据学情制作一些微课，作为学习资源提供给学生自由选择。结合学情，本学年我所执教的四年级属于小学中高学段，微课是否也适合低年级段，还有待在以后的教学中探索实践。

3. 养成良好学习习惯

教师、学校、家庭、学生在学生网课学习习惯培养中紧密相关。就整体关系而言，这四个维度存在内外因关系，教师、学校和家庭是影响学生形成网课学习习惯的外在因素，为学生提供指导、保障和帮助，学生主体是影响其学习习惯形成的内在因素，也是最关键的因素。

教师、学校与家庭的辅助作用离不开学生的个体努力。而学生形成良好的学习习惯之后，会在学习成绩和学习能力两方面表现出明显优势，这会给学生形成正向激励，进一步促进学生坚持良好的学习习惯，获得提升和成就感。让学生养成良好的网课学习习惯，从而助推学习过程，是教师、学校、家庭和学生共同的目标。这也是白家庄小学教育理念中"尊重差异，让每一个生命都精彩绽放"的最好诠释。

做学生居家学习的引路人

北京第一实验小学前门分校　柯妍

2020年的春天,无数抗击疫情的"战士"在一线用生命战斗,保护祖国人民的生命安全。作为他们后方之一的教育工作者,我们能做的除了严格执行居家隔离政策外,就是始终与学生、家长一起,发挥教育的力量,给前线人员鼓励加油,同时自觉发挥主观能动性,守好教育这块阵地,完成好特殊时期的教育教学工作。在疫情期间,作为一名高年级英语教师,我又是如何做的呢?

一、课前案头准备足,引领学生学同步

居家学习,考验的不仅仅是学生的自主学习能力和自控能力,也考验教师的引领与促进作用。课前预习对于高年级学生的学习而言,至关重要。英语学科遇到的最大的障碍就是"语言",特别是对于部分学习有困难的学生,没有教师的引导,自主预习英语会有些无从下手。针对这一问题,我的解决方法就是:老师提前做足案头准备!

在市级平台网课开课前一周,我会提前登录网站,了解新一周的英语教学进度,提前下载并完成网课学习单,并对照教材内容按照"单元主题""课文情境分析""相关词汇分类""句型语用功能""语法点"等层面进行分析与记录,并将这些文字梳理成"英语网课学习预告",于每周五下午向学生预告下一周的英语学习内容,帮助学生提前厘清单元知识框架,助力全体学生同步完成网课学习。

二、答疑辅导方式多，分层处理同进步

（一）巧设"学习单"，归纳知识点

高年级的英语答疑时间主要集中在每周四下午和每周五傍晚，但是经过前期和学生、家长的沟通，我得知部分学生除"市级平台"学习任务外，还有其他网络直播课学习，因此无法在集体答疑时间和全班同学同步学习。鉴于学生和家长反馈的问题，我将每次答疑的知识点，梳理成学习单。每次答疑后将学习单放置在班级群中，便于学生灵活安排自己的课后学习。事后如学生遇到问题，也可以随时和我保持私信联系。

（二）录制"小微课"，分层击破学习重难点

在五年级学生进入第二单元的学习时，就遇到了这样的问题：教材中第二、第三单元的话题为"植物"，主要讲解了植物各部位以及"植物的光合作用"。这部分内容属于"跨学科教学"，需要学生有科学背景知识，同时也要求学生对于"植物"主题下的英文术语扎实掌握，否则理解课文内容较为困难。通过批阅学生的作业，我发现市级平台网课结束后，约有40%的学生对"植物各部位名称"专业术语掌握不扎实，导致图文匹配题目和阅读填空题的完成度欠佳；30%的学生能够理解课文大意，但是对于其中涉及"植物部位作用"的短语不理解。针对这一情况，我录制了"英文小微课"，并将微课视频截取为三个部分，分别是"基础巩固篇""语言讲解篇"和"拓展提升篇"，引导学生根据自己的实际需求，选择对应的片段观看，满足学生不同层次的需求。

三、作业批改勤总结，归纳问题助答疑

高年级学生人数较多，英语作业的种类也较多，特别是跨年级教学，学生出现的问题更是包罗万象。那么，如何才能抓住重点，有针对性地对学生进行进一步指导与帮助呢？在批改作业的过程中，对于学生出现的"个性化问题"，比如"作文中的语法错误""表达错误"等，我会在批阅时直接在学生的作业上进行批注，给出修改意见；对于学生出现的"共性问题"，分年级、分题型、分错题类别进行分类记录，同时思考如何在答疑课时用更加直观的方式帮助学生解决。比如，六年级英语写作中，学生往往受到母语的

负迁移影响，出现一些措辞不佳、冠词使用错误、名词单复数错误等细节问题，而学生自己却意识不到。为了让学生更加直观、生动、形象地理解表达的错误，我将他们的错误表达配上风趣幽默的卡通图片，提示学生语言表达存在的问题。这一方法让学生以一种轻松、幽默、直观的方式理解了自己写作中的表达问题，无形中对我的答疑也起到了一定的辅助作用。更让我惊喜的是，在之后的作文中，类似的语言表达错误再也没有出现过！

四、居家学习巧规划，复课衔接不害怕

2020学年，除了完成五年级的英语教学，我还要承担学校毕业班的英语教学工作。第一次带毕业班的我虽然没有太多的经验，但是我认为"凡事预则立不预则废"。因此早在寒假一开始，我便早早做好了第二学期的六年级英语毕业复习计划和五年级的教学计划。可是，突如其来的疫情把我的计划全盘打乱！接下来该怎么办？我真是一筹莫展。

2020年2月，随着区级网课的开始，我也开始重新思考高年级居家学习方案。最终本着如下三条原则，我开始了新学期的教学计划：居家学习有计划、学习方法有指导、复课学习有衔接。

（一）居家学习有计划

高年级的居家英语学习最终分为三个阶段：基础知识梳理阶段、读写能力提升阶段、复课备考衔接阶段。

在基础知识梳理阶段，组织学生运用思维导图、树形图等可视化工具，按照"类别""话题"对单词、核心功能句进行了分类梳理，同时引导学生整理在校期间的"英语课堂笔记"，梳理好"小学英语语法知识"。读写能力提升阶段，市级平台网课正式开启，基于北京版教材六年级下册教学重点"读写结合"，引导学生基于"单元主题"与"课文内容"进行"读写结合训练"，突破多语段英文完整语篇写作。复课备考衔接阶段，基于区教研室给出的《英语学科复课指导》，做好复课无缝衔接。

（二）学习方法有指导

古人云：授人以鱼不如授人以渔！对于高年级学生而言，学习方法指导

至关重要！在区级平台网课学习中，我了解到"可视化思维工具"在高年级英语课中的实际应用，并进行了记录。课外在自学TKT国际英语师资课程时，也了解到更多的"可视化思维工具"。通过学习以及思考，我决定将"可视化思维工具"作为居家学习英语的方法，介绍给学生，指导他们完成居家学习。比如，在指导六年级学生进行英语写作时，我引导他们运用FlowChart和SequenceChart两种工具，对课文文本进行解构，帮助他们建立写作提纲。在五年级复习句型过程中，引导学生基于"话题"，运用思维导图进行句型梳理，帮助他们拓展思维，为后续英语写作提供助力。

在我的指导下，学生们也开始尝试使用不同的思维工具进行课后基础知识的梳理。比如，尝试使用树形图对单词进行分类梳理；六年级学生使用括号图对小学六年的语法知识进行梳理，并尝试使用不同颜色的笔进行重难点批注标记。我感觉这也是师生间一种"学习方法"的传承。

（三）复课学习有衔接

在接到复课通知的第一时间，我也收到来自学校教研员给出的《五、六年级英语复课学习指导》。在开学前，我除了关注市级平台网课学习进度，也仔细研读了《英语复课学习指导》。研读过程中，我关注复课后教学的重难点，并基于居家学习期间对学生学习效果的整体把握，制定好每节课的训练点；并在完成新课学习的同时，巧妙地将毕业测查、期末测查的重要考点融入常态化的教学中。

返校复课的第一节课，我将"听""说""读""写"的技能训练融入课堂教学中，通过观察学生的实时听说反馈、书面随堂练习，对于学生复课后的英语学习能力进行粗略评估，并根据课堂学生表现情况，进一步调整后续的训练侧重点。比如，六年级复课后，经过第一堂课的观察，我发现学生的基础知识较为扎实，阅读理解能力和书面表达能力基本维持在较高水平；但由于网课缺乏互动性、交际性，因而学生英语听说能力大幅下降。这也是后续复课中应重点加强训练的。

以上就是我作为一名青年英语教师在疫情居家学习指导过程中的一些粗浅探索与实践。疫情无情，师者有情。无论学习方式如何转变，作为一名青年教师，我永远甘做学生学习路上的引路人！

疫情下提高小学生在线学习投入度的教学策略研究

北京第一师范学校附属小学　逯娜

一、疫情下在线教学面对的各种挑战

2020年初，新冠疫情波及全国，给人们生活、工作、学习等方面都带来了重大影响。教育部先后出台"延期开学""停课不停学"等措施。利用互联网智能平台开启线上教学成了公众热点。作为一线教师，组织好线上学习，让学生与家长顺利适应新的学习方式，成了疫情下的首要教育任务。

网络教学在近些年发展迅速，疫情期间，它不再是传统课堂教学的有效补充，而成为教学方式的必选项。它与传统课堂教学在空间、技术环境、教与学方式等方面都有极大的不同，因此面临诸多挑战。

挑战1：在线教学对网速和终端设备具有明显依赖。比如，网络信号不佳或者观看设备屏幕显示效果不佳，都会影响网络学习效果。一些平台和软件因为自身发展尚未成熟，有时会出现系统崩溃、版本不兼容等意外情况，也会影响教学。

挑战2：有些内容不适合于网络教学以及师生互动开展，影响学生的学习效果和积极情感体验。比如，缺乏特定场地的教学实践体验；缺乏师生、生生有温度的情感互动；教师无法从学生的眼神、肢体和情感中获得实时反馈，无法及时调整教学策略，来帮助学生实现对学习内容的深刻理解、升华认知；许多学生在学习中会有孤立感与无助感，因缺乏有效的指导、督促与帮助，对学习内容的认知可能停留在表面。

挑战3：师生角色发生转变，对新角色的适应也困扰着网络学习中的师生。线上教学让由传统教师的"教"为主导变成学生的"学"为主导。许多学生在缺乏有效支持和帮助下，增加自控力、自觉性与主动性成为最大的挑战，尤其是父母上班后，和老人生活在一起的孩子要克服网络信息的诱惑，不迷恋游戏、短视频等，不抄袭网上的答案，有规划、合理安排好每日的学习与生活，变得尤为必要。

针对上面挑战做好有效的应对，增强线上教学针对性与可操作性，建设良性的在线辅导模式与有效的师生互动机制，成为疫情期间各高校及中小学迫切的需求。

二、提高学生在线学习投入度的重要性

大量研究指出，学习投入度与学生的学术成就和高阶能力发展正相关。学习投入度是解决学生学习倦怠、孤独和辍学等问题的关键因素，更是衡量教育质量和成效的重要指标，而且还能影响他们长期的适应性发展。

早在20世纪30年代，泰勒（Tyler）就提出了任务时间（Time on Task）的概念，他认为学生投入学习中的时间越多，学习的收获也就越大。此后，越来越多的研究者对学习投入度进行了定性研究、定量研究和实证研究。阿斯汀（Alexander W. Astin）在20世纪80年代开展了对学生学习参与度（Student Involvement）的研究，他认为学习投入度是指学生在学习活动中所投入的心理和体力的总和。

关于学习投入度的定义还存在争议，但普遍认可学习投入度是由多维指标构成的，可分为行为投入度、情感投入度和认知投入度三个维度。具体而言，行为投入度反映学生在学习过程中的行为表现，大多涉及参与、坚持、交互、专注四个方面。情感投入度反映学生在学习过程中的情感反应或体验，较典型的情感反应包括好奇、快乐、厌烦、难过。也有研究者认为，情感投入度还包括学生对学校或课程的认同。李爽和喻忱认为相比情绪反应，归属感对远程学习的学生较为重要。认知投入度反映学生在学习过程中的心理投入水平，与学习策略应用和自我监控相关。

由于疫情影响，在线学习更加普及化，学生如果低投入或消极投入都会严重影响在线学习的过程和结果，甚至会导致后期很长时间的学习质量与情感体验不好。改善和评测在线学习投入成为教育部门和学校亟待解决的问题。因此，后面将围绕如何帮助学生积极地投入到线上学习，展开重点讨论。

三、提高小学生在线学习投入度的策略

为了克服在线学习的弊端，提高学生在线学习投入度，教师需要想办法通过多种途径做好在线辅导。教师需要过信息技术关，需要学习并熟悉网络直播教学、视频录播剪辑软件设备等操作，需要开设直播课、录微课、发布辅导答疑资料、批阅作业并反馈等多种辅导方式，采用多元的评价方式与心理支持方式。以下是网课期间，我采用的提高学生学习投入度的隔空指导策略，多种方式取长补短，取得了很好的教学成效。

（一）借助直播课提高教与学的互动性，提高学生的学习投入度

学生利用"空中课堂"自主学习有诸多弊端，比如，师生、生生不能面对面交流，教师对学生学习中出现的问题不能及时发现，很影响学习效果。学生不能把自己的想法及时地与他人进行探讨和沟通，不能实现互相交流和协作，这样学生的学习兴趣就会下降，影响学习投入度。直播课既能督促学生把闲散的时间投入到学习中，又可以实现教与学的互动，在互动交流中教师能随时了解学生对新知识的理解与掌握情况，以及学生的困难点，可以根据学生的反应调整指导内容、策略和进度。同时，通过及时、有效的辅导，避免了在"空中课堂"学习中容易出现的"学过就忘"的问题，起到及时强化、复习巩固的作用。学生与教师、同伴互动中，也提高了学习的兴趣和主动性。

如何借助直播课提高学生学习投入度呢？首先，教师要精心准备直播课，和线下课一样，有教学目标、教学重难点和教学过程设计，所有的教学设计都紧紧围绕教学目标开展。为了提高直播课质量，教学过程的每一个环节、每一个细节，甚至每一句话，都要做到用心思考、精心设计。比如，直播课应该如何导入，是开门见山式引入、启发激趣式还是创设认知冲突式展开呢？另外，可以通过集体研讨和集体备课，创设系列精品的直播课程。其次，要充分挖掘与使用好直播中的互动工具，比如，创设主播教师与一个学生或多个学生端口视频对话对接；通过弹幕与学生互动，或让学生在评论区留言等。为了增强互动性，还可以增设抢答加分奖励环节，进行小组评分激励机制等。最后，直播中教师出镜，会让学生的积极性与专注性更高。总

之，高质量的直播课既能当堂了解学生对知识的理解掌握情况，又可确保学生能全程积极参与。

（二）创设在线辅导答疑群，丰富群答疑形式，提高学生的学习投入度

微课是有效的在线辅导方式。微课具有简短、凝练、高效、易保存的特点，适合学生反复学习和反复思考，既能帮助学生加深对知识的理解和掌握，又有利于学生将来对知识的复习和巩固。分享微课可以有三种形式。

第一，教师自己制作微课，微课内容可以是教学重难点的复习回顾，也可以是重难点或拓展题型的讲解。

第二，下载与新课有关的短视频。可以从好看、优酷、腾讯等平台中搜索相关的教学内容，选取趣味性强、指导方法清晰且有效的教学短视频。选好后可以直接下载，也可以通过录屏软件下载。另外，也可以使用"空中课堂"的资源。比如，数学同一年级有人教版与北师大版两个在线课，有些教学单元内容是相同的，可以从不同版本的课中各取所长，选择喜欢的教学片段录屏上传到辅导答疑群，供学生学习交流。

第三，采用学生给学生讲题录成微视频的方式。这种方式比前两种都能调动全体学生的学习投入度。好处主要有两点：首先，能提高群里观看视频的学生主动学习的内驱力。学生录制的讲题视频都与新课内容或作业有关，学生讲题，既有新鲜感，又有学习的需求。听同伴讲题，学生的心里会更放松，不像听老师讲题，心理上有距离感，还会有比较与赶超的心理。看到同伴优异的讲题表现，自己也会有跃跃欲试的想法，想一比高下，激发学生的上进心。其次，这种方式对参与讲题的学生而言，也是个很好的锻炼与展示的机会。视频终稿最终会在年级共享，这很能激发学生想表现优异的愿望。学生在准备过程中会查阅资料、整理讲题稿、设计讲题课件或小黑板板书，能锻炼独立自学与研究的能力。根据教师的指导，在不断修改完善的过程中，不仅是对耐心与意志力的磨练，还能加深对题目的理解，提高语言表达、互动交流以及信息技术使用等能力。但是，这种方式对教师和参与讲题的学生挑战性更大。比如，数学是一门严谨、科学的学科，教师需要对学生的语言表述反复进行指导：讲题语言是否足够简洁，逻辑性、连贯性是否强？有些学生的信息技术不过关，也需要教师帮助制作讲题课件。如果学生

不以微课的形式录制，而是选择站在小黑板前讲解录制，就需要教师指导板书设计，以及板书内容呈现的次序。当学生讲题时不够自然、缺乏交流互动时，教师还需要指导语气、语速等。

除了微课答疑，教师还可以把教学重难点、学生整体的优秀预习或复习笔记或优秀作业以图片等形式上传到答疑群。因为图片具有清晰、易观看和易保存的特点。此外，教师也可以通过语音留言的方式在群里集体留言，或者给有疑问的学生单独发语音或图片信息留言。

（三）采用多元的评价方式，提高学生的学习投入度

教师答疑的效果以及学生在线学习投入度还需要进行检测与评价，这样也能为后续辅导与学习提供更有针对性的指导。教师可以通过多种方式获得学生的学习情况反馈。下面主要分享两种方式。

方式一：创设延展性、多层级、个性化的多元化"融合作业"

建构"分享课前预习单—生成课堂互动练习—布置课后巩固练习"发展性的作业模式，此外还可以设计主体探究式、项目合作式、反思提升式等多元融合作业模式。其中，课后作业设计、布置与反馈是巩固和检验已有线上学习成果，有效激发学生继续进行线上学习的信心的重要方式。教师可以利用互联网学习平台发布作业，利用统计功能查看哪些学生已交，哪些学生未交。未交作业的学生，教师可以在线上督促其按时上交。客观性作业可采用平台批阅、指导进行错题修改，在作业群进行作业反馈的方式实现学生的自我评价。主观性作业可通过学生拍照上传、教师批阅或师生线上交流讨论、互评互学等方式展开。另外，教师在进行作业评价时，要善用鼓励性的文字、语音、表情图片等方式评价，肯定学生作业中的点滴进步。善用奖励机制，创设"作业全对之星""书写小达人""小小思考家"等荣誉称号，激发学生高质量完成作业的动力。

方式二：构建一个多元的自主学习监控体系

教师除了通过作业信息发布平台了解学生最近的学习效果，还可以利用在线答疑群发布信息后的统计功能，查看发布的每条学习资料的总人数以及哪些人观看了。针对几次不能按时完成作业或者作业完成质量不佳的学生，或不能及时查看在线群学习资料的学生，教师要及时和学生及家长沟通，了

解学生的学习困难点。在线上学习的路上，少不了家校共育，为了取得好的沟通效果，最好的是视频会议，其次是电话交流。通过视频面对面的方式交流，能让教师及时调整自己的语言及教学方式。教师面对问题要善用共情同理心，要和善并理性地帮助学生找到解决策略，这样才有助于取得更好的家校沟通效果。教师要跟踪了解沟通后学生的转变情况，及时肯定学生的点滴进步，让教师走进学生、家长的心里，才能更好地引导学生前行。此外，还可以成立小组学习群，有群督导老师、小组长、组员。组长和辅导教师关注群学习状态，帮助营造积极、有效的群学习氛围。学生可以在群里进行合作学习，共享学习资料，分享学习心得。"群体作战"胜于"单打独斗"，三人行必有我师焉，有效合作交流也能帮助学生提高学习投入度。

四、总结与展望

疫情是灾难也是契机，是挑战也是机遇。在"停课不停学"的背景下，各大高校、中小学都纷纷出台相应的网络教学计划。但网络教学也有弊端与问题，在互动性、监督性、可控性等方面都不如传统的课堂教学，这也困扰着广大师生。教育工作者应该以"教育+互联网"为契机，分析线上教学的优势与弊端，全面、系统地总结经验与不足，不仅有利于网络教学的顺利开展，而且对培养学生的持续学习和终身学习能力都大有裨益。如何建设良性的在线辅导模式与有效的师生互动机制，提高学生在线学习投入度，是本文主要探讨的话题，相关内容希望能为中小学建设网络教学活动提供一些参考。

引导学生提出真问题的探究教学方法探索[①]

北京市东城区和平里第四小学　何燕玲

在开展探究式学习的课堂教学研究中，我们一直在实践的路上，从探究教学的八个环节到探究教学的八个要素，伴随着课改的理念，在课堂教学研究中不断推进。通过课堂教学反馈看，这样的实施与预定的目标仍然有距离。过去一年多来，我们从实践中反思并进行调整，抓住"科学论证"这一角度再进一步深入研究。在进行论证式教学模式的初步研究中开始领悟到：引导学生提出真问题是开展探究式学习的关键。尤其这些来自学生的真问题，才是真正意义上学习的开始，其兴趣、思维深度、解决困难的意志品质以及在解决问题过程中对学习新知识的需求都会在真研究过程中体现出来。

疫情下，我们从关注学生提问题的角度设计了线上课程"我们一起养大蒜""种白菜花""会变身的小魔豆""动手制作小水轮"等。本文以"我们一起养大蒜"为例，谈谈引导学生提出真问题的研究尝试。

一、学习科学家提问题的方法，确定探究内容

提问题尤其提出科学问题不是一件容易的事情。以往课堂教学多是教师提出来的。如果让学生来提问题，该如何做出努力？我从科学家提问题的方法中受到启发。因此，通过阅读科普图书如《植物知道生命的答案》，我找到三种科学家运用的方法。第一种是在反复观察的基础上提出科学问题，比如，达尔文在研究植物生长与阳光的关系时，长期反复观察后发现：植物弯

[①] 本文系北京市教育科学"十三五"规划2018年度一般课题"在小学科学探究教学中关注学生的科学论证"的阶段性成果，课题编号：CDDB18178。

曲总是发生在幼苗的同一部位。由此提出疑问：草的什么部位看到了光？第二种是生产生活需要解决的实际问题，比如，如何使经济作物猛犸烟草停止疯狂生长，让其开花结实？第三种是科学家在做文献的基础上提出新问题。

如果让学生在反复观察的基础上提出科学问题，就需要设计一种能经历长期观察的活动过程。养大蒜便成了最佳的选择。蒜是家庭厨房的调味品，也是常吃的食物，在南北方都比较常见。时值2020年的春节假期，又赶上疫情，学生无论家居何处，都方便参与。这个特殊时期，他们每天都在家里活动，较之到校上学的快节奏，可以有大量的时间观察和管理植物。经历大量观察后，学生自身就会产生问题，在答疑时间可进一步指导。此外，这些充满生机活力的植物对孩子也是一种陪伴与安抚，用生命来影响生命。

二、加强技术指导，确保每个学生有成功的体验，指向问题焦点

让每个孩子都成功地养好大蒜，他们才可能从中有所发现。为此，我以微课的形式，介绍了水培和土培两种方法供学生选择。此外，我还预设了学生养大蒜过程中可能遇到的困难，比如，大蒜不好去皮怎么处理、怎样在碗里固定好大蒜、怎样制作简易的容器等，尽可能扫清学生在方法上遇到的障碍。

为了鼓励学生能坚持两周左右进行观察，我发起了美食"诱惑"——当大蒜被养到20厘米左右的时候，就可以做成美食与家人分享。美食对学生而言是最直接的"诱惑"，这些"诱惑"将成为他们坚持下来的动力。事实证明，在开展探究的时候带点"诱惑"，会让探究充满乐趣，也具有执行力。

至此，这节课聚焦了大蒜的生长过程，即明确了问题焦点。之所以把"大蒜在生长"作为问题焦点，是希望学生能在两周的观察管理中发散思维，提出自己想要研究的问题，而不是我规定好的问题。这些问题可以涉及大蒜的生长速度，大蒜的生长受哪些因素影响，大蒜的各部分结构与功能是怎样的，等等。问题焦点不是问题本身，它会让学生每天因大蒜的生长变化而兴奋，有强烈的回应需求和发现一些问题的可能。

事实上，在确定问题焦点时我们经过了反复斟酌。首先，要考虑问题焦

点不能偏离教学目标，即学生有兴趣参与，且能在参与过程中收集事实，引发学生多角度思考以提出问题。其次，要能预想出学生可能提出的多个问题。最后，要对问题焦点进行反思，不断考量研究的可行性。经过深入的思考过程后，才有了这样的决定。这也是教师对教学活动设计的专业性体现。

三、重视观察记录的指导，为提出问题做准备

科学问题的提出依赖于细致、全面的观察，因此，做好学生观察记录的指导也非常重要。养大蒜一课建议学生以多种方式记录，如文字、图片、视频等。那么教师要指导学生记录哪些内容呢？为了保证不同层次的学生都能参与记录，我将记录表以图文并茂的形式作为范例供学生模仿。记录的内容也经过反复考虑后，最后确定了栽培方式、摆放位置、气温、是否浇水等管理行为以及每日看到的植物变化。为了确保养护成功，提示学生水培大蒜要注意浇水时没过蒜根即可，两天换一次水；土培大蒜注意保持土壤湿润。这些小细节恰恰会在学生日常管理时被疏忽掉。学生记录的内容可以是教师提供的表格中的内容，也可以比其更丰富。这些最基本的记录内容为后面提出问题或解决问题提供了依据。预设学生会从大蒜的摆放位置建立与阳光的联系；从浇水的记录联系水与植物生长的关系，生长变化的非规律性也会与之建立联系，通过建立联系来提出问题或做出假设。那些不愿意记录的同学或记录不全面的同学，在提出问题方面会表现弱。那些认真记录的同学提出问题的深度和进一步检验假设的愿望则更强烈。

我看到更多的学生愿意模仿老师给出的记录单范例做观察记录。但模仿中也有不同的表现：有的学生观察全面，注重细节，有测量数据且记录形式多样，很享受这个过程；有的学生仅记录了几项内容，未使用测量手段；有的学生仅仅拍了照片，做了简单说明；有的学生每天很热衷观察，也喜欢拍照，但不愿意做文字梳理，仅通过语音在班级群里交流。

不同的记录表现与学生的思维深度呈正相关。学生关注的点越多，越容易建立联系，尤其在观察一株植物的生长时，不仅看根、叶，还要看其他的器官，如叶鞘形成的假茎等。

四、与学生一起冲在探索的第一线，引导学生提出能检验的科学问题

尽管疫情下与学生无法面对面交流，但通过网络连线，我仍然能和他们在一起开展研究。这节课在设计之初就明确了是教师引导的探究，不是完全由学生自主地探究。因此，我先于学生开展了大蒜研究活动。当我处在一个研究状态中时，更容易站在学生的角度去理解他们在每个阶段遇到的问题以及如何去思考。

面向班级群在线答疑，我特别关注学生遇到的困难、产生的疑惑以及每一个迫切需要解决的问题。因此，每一次我都会在固定答疑时间请每个学生分享自己的收获、遇到的问题，在这样的情境下，我没有立即回答学生的问题，而是通过问问题引发学生思考，鼓励每个学生提问。我觉得这是一个特别重要的做法。比如，有的学生会向我汇报他的大蒜生长情况。

生：老师，我上次种的大蒜死了，这是我重新种的。
师：为什么会死呢？可能是什么原因？不如研究研究吧。

再如，"老师我的大蒜还没有发芽，是不是死了？"我会让学生再等等，或者看看根部是不是已经发生了变化。把观察的角度变多也会有新的发现。比如，有的学生发现自己养的大蒜出现了紫色，她便急切地想让我告知答案。

生：老师，我的大蒜出现了紫色。为什么会这样？
师：你想想可能是什么原因。
（生沉默不语）
师：首先我们要弄清楚紫色到底是什么，再研究紫色是怎么产生的，我们可以查查资料或者问问植物学家，看看资料上或植物学家是怎么说的。
（过了一天后）
师：通过询问植物学家证实紫色是花青素。至于为什么会出现花青素，我们还需要进一步分析研究。想想看，什么时候植物会有颜色变化呢？秋天的时候，天气凉了，叶子就会变黄、变红，出现花青素。这说明花青素与什么有关？那大蒜上的紫色会不会也是这种情况呢？

生：我就是把大蒜放在了阳台上。阳台上很冷。可能与这有关吧。我准备再养一次。一盆放在卧室，一盆放在阳台。

师：嗯，有道理，阳台的确要比其他地方冷。但阳台和卧室还有什么不同呢？

生：晒太阳的多少也不一样。阳台晒得多。

通过这样的对话，让学生主动思考：先建立与放置环境的联系，再帮助她进一步梳理自己要确定的问题：大蒜产生花青素与哪些因素有关？不断明确问题的过程也是假设产生的过程。经过几番思考后，她对可能产生的原因进行分析，然后根据判断做排序。最后，这位同学把土培和水培以及光照强弱都放在了相同的位置，控制了变量，进行对比观察，并根据需求重新设计了记录表。整个过程还通过拍照全面记录了植物的变化。

我发现真问题是在成功经历养大蒜的过程时出现的，而这个出现得益于认真地观察、记录。在学生发现问题后我没有直接给答案，而是通过问题引导他们深入思考，形成可以通过自己检验的科学问题。问题形成过程中也有了自己的假设以及初步的方案，新的记录表也是根据研究需求自己进行设计的。这样的研究才是真正的探究，也是有意义的学习的开始。

由于是全班研讨分享，这样的指导过程也面向了其他学生。之后，学生的观察就更细致了，比如有的学生发现大蒜的根并不是长满一圈；有的发现大蒜身上长了小疙瘩，像脸上的青春痘……发现自然伴随着为什么。

对学生的陪伴与引导还表现在我研究过程中的时时报道。比如，我会分享自己养大蒜过程中的新研究进展，我的记录情况，我最近做的大蒜美食是什么。因此，有的学生在分享自己的大蒜生长状况时，一定会问问我的长得如何了。我们是研究路上的同行者，这个角色对学生而言会更需要。事实上，我也在这个过程中成长，做了诸多大蒜的相关研究。

引导学生提出真问题的探究式学习，可以让我们在科学研究中受到启发。但科学研究毕竟不同于课堂学习，需要教师精心设计活动，选择合适的材料指向问题焦点，让学生建立与自己经验的联系，尽可能多地提出问题。与学生一起研究的教师要时时关注他们的需求，从不同的角度引导他们提出可以进行检验的科学问题。学生经历了一次这样有价值的学习过程后，会在今后继续沿用并发展。

唱好英语作业三部曲,提升学生线上学习实效

北京市朝阳区白家庄小学　史明月

一、作业前奏曲

2020年初,受新冠疫情的影响,在教育部提出"停课不停教,停课不停学"的要求后,学生迎来了首次居家学习的课堂。为了了解学生对于"空中课堂"的掌握情况,教师设计了学习单来进行考察,通过作业这一途径来检测学生的学习效果。

自线上学习以来,英语组教师便在以学生为中心的前提下精心设计学习单,考虑到一年级学生天性活泼、喜欢直观的图形、容易被有趣的事物吸引,教师在学习单中设计了"地图闯关"的活动,即每完成一项练习任务,学生可以获得一颗星星,在一周内到达地图上的最后一关时,便可以获得校级的"自主探究星"。学生可以通过积累星星,完成心愿。在线上学习最初的一段时间里,学生在班级群里积极分享,作业分享率达到70%以上,学生乐于完成练习任务。渐渐地,学生对线上学习的情绪从最初的新奇、有趣转变为"疲惫、腻烦",我明显感受到他们的学习积极性有所消退,班级的作业提交率很不稳定,甚至呈现下降的趋势。学生的学习状态也总是"三天打鱼,两天晒网",作业质量不高,缺乏长性。

作业提交率降低的背后是学生的学习效率降低、消极被动的学习态度,是什么原因造成了这样的情况呢?在如今这种看不见、摸不着的线上学习的模式下,如何才能提升学生的学习实效呢?

二、调研进行曲

学生们在课堂上也会有短暂的思绪缥缈,那么电脑对面的他们又在做什么呢?教师以饱满的热情在屏幕里讲解知识,学生是不是也饶有兴趣地听讲呢?基于此,我做了线上调研,想从家长那里了解一些学习情况。

我通过微信私信沟通的方式与家长取得联系,以求更加客观地了解学生的居家学习情况,家长们对于我的调研也表示理解和支持,我也希望能够通过家校共育,及时了解学情,形成教育合力,助力学生成长。通过与部分作业质量不高的学生家长进行沟通,我获得了影响作业提交率的主要因素:(1)家长复工,疏于管理和辅导;(2)学生学习态度不认真,注意力不集中;(3)作业形式单一,缺乏趣味性。

经过与家长交谈,综合多个调研对话内容,我了解到:(1)复工后,有些家长忙于工作,疏于对孩子的辅导与管理,家里的老人不方便或不会辅导孩子学习,学生对于网课的知识难以消化理解;(2)一年级学生年龄小,在居家这种较为轻松的学习环境里,学生自主管理能力较差,不能长时间集中注意力去听网课,很容易被外界环境所干扰,一会儿喝水,一会儿吃零食,学习态度不认真,听课质量差;(3)作业形式单一,简单的背诵、朗读任务已经不能满足他们的学习追求,学生从最初的认真完成到降低兴趣,疲于千篇一律的作业模式。原来,面对冰冷的屏幕,没有真实互动的课堂,也会让学生感到无助和迷茫。在他们探索学习的道路上竟然有这么多我没有思考到的问题,我要做的就是调整心态,转变观念,调整自己的教学方式。

三、家校协奏曲

教师只有通过作业反馈了解学生的学情,才能有针对性地对学生做好线上学习的辅导。教师需要根据自己执教的学科特点,结合课程内容以及学生所处学段,设置丰富多彩的活动,激发学生的学习兴趣,提高学习热情,作业提交质量才会提高。

（一）以"节气"为契机，设置多样化活动

白家庄小学在上学期就以"二十四节气"为主线，在主题课程中开展了一系列生动、精彩而富有实效的教学活动。教师以问题驱动为导向，帮助一年级学生从最初的季节节气分不清，到慢慢提出有深度的问题，实现了问题驱动、实践探究、反思提升、成果创新，使得学生对节气的研究初有成效。这次碰巧临近"春分"节气，我认为，这正是一次合适的契机：让学生在生活中学习英语，将英语学习用在生活中，真正做到学英语、用英语。作为英语教师，我决定利用线上学习，带领学生再一次感受传统文化——"春分"节气的魅力。

考虑到低年级学生活泼好动、乐于展示，我以"春分"节气为契机，鼓励学生进行手抄报创作和表演创编，让学生在收集资料中感受节气的趣味性和文化的魅力。在线上交流时，我使用亲切、生动的话语，充分调动学生的积极性，满足他们乐于展示自己的心理。"知否知否，应是春分趣味多！马上就要迎来春分节气了，春分时节气候舒适，风景优美，可以做很多有趣的事，也可以吃你们喜欢的美食，你们想不想画一画自己眼中的'春分'呢？"通过这样的线上小活动，不仅能让学生在家里尽情"释放"自己的想法和对春分的向往，而且可以让他们在制作中了解更多的节气知识，帮助学生感知文化的多样性，深刻了解传统文化，激发爱国情怀。用绘画描绘节气，用英语表达情感，这样的趣味活动确实吸引了学生的注意。

很快，学生就给了我很大的惊喜，在和家长的交流中我了解到学生掌握了更多关于春分的知识，比如"竖鸡蛋小游戏""演唱节气儿歌"等。我还惊喜于学生精彩纷呈的创作，他们不仅呈现了精美漂亮的手抄报，还用英文表达了自己的创作，脱口秀展示活动更是提升了语言表达能力。通过"了解春分"线上小活动，学生提高了学习知识的能力，利用语言展示了传统文化的魅力，提升了综合素养，此次作业提交率也有所提高，作业质量较高。

在这之后，我还经常设计丰富有趣的小活动："英语趣配音展示活动"让学生乐于分享，相互学习，在看到群里其他小朋友的精彩配音片段后，他们会认识到自己还有上升、进步的空间，更加专注倾听网课，学习效果大幅提升；"单词拼读挑战活动"让学生敢于超越自我，不断挑战更准确地利用

自然拼读进行单词朗读，不仅加深了对于词汇的理解，更激发了他们的挑战欲望和学习兴趣；"小小书法家活动"帮助学生认识到规范书写的重要性，通过学习、模仿，每个人都能书写出工整、清晰的字母。同时，我也会通过录制微课视频帮助学生掌握每个字母的关键笔画，纠正错误书写，让学生真正做到字如其人。丰富多彩的趣味性作业让他们热情高涨，我惊讶于他们的进步，更感动于他们的成长，也非常感谢家长的支持与分享。原来，兴趣教学是如此重要，当你真正发现学生的内心向往，才会帮助他们寻找到有效的学习方法，事半功倍。

（二）直播小课堂，通过夸赞赢自信

考虑到部分家长已经复工或是老人不便辅助孩子学习，作为教师，我不能放弃任何一个学生，对他们要倾注更多的爱心和耐心，找到适合他们的学习方法，因材施教。因此，我会进行每周一次的线上直播课，将需要单独辅导的学生统一集中起来，及时帮助学困生进行查漏补缺，确保上好每一次直播课，保证线上教学的实效性。通过课前认真研读教材和教参，把握每一节课的重难点，与网上优质资源进行整合，我力争呈现给学生的每节直播课都是优质课。每次的直播课，我都会重点关注学生的学习状态，需要批注时，会叮嘱他们认真记录，询问他们是否批注完，放慢速度等待他们。课堂上提问简单的问题，让学生连麦解答，体验回答正确的成功乐趣。朗读课文时，充分给予学生自我表现的机会，增强了他们学习的兴趣与信心。

在直播授课时，我会让学生从容易接受的角度去思考问题，比如在讲授 deer（鹿）这个单词的时候，我会告诉学生如何记这个单词：两个相同的字母 e 就像小鹿的两个相同的小耳朵，让他们摸摸自己的小耳朵感受两个相同的字母 e，这样就不会和 dear（亲爱的）这个单词混淆了。在讲授 mouse（老鼠）和 house（房子）这两个单词时，为了避免学生混淆，我就提示：高高的字母 h 就像一个有烟囱的小房子，所以这个是 house，字母 m 就像小老鼠弯弯的小胡须，所以是 mouse。同时，我将每首英语小韵文都进行动作创编，让学生边唱边表演，寓教于乐。这样做，不仅能提高他们的表演能力，还能让他们在表演中感受学习英语的乐趣。看着学生开心的笑容，我知道他们在直播课中学到了知识，不是痛苦的死记硬背，而是从他们自身的角度去认识知识。看到他们的成长,我总是忍不住夸赞他们。直播课上我会及时表扬学生的每一次进步,让他们知道老师每时每刻都在关注他们,帮助他们重新找回学习的自信,提高学习英语的兴趣和信心。我充分利用直播课,为他们讲解重难点,学生逐渐回归到学习的正轨,家长也纷纷感谢我解决了他们不能辅导的难题。

(三)信息勤沟通,家校共育促成长

教育家苏霍姆林斯基曾说:最完备的教育模式是"学校—家庭"教育,学校和家庭是一对教育者。家校共育,共促成长。在我的直播课堂上,有个淘气的学生小A,他总是容易走神、坐不住,听讲状态不认真,为了让他能够参与到课堂活动中,我积极、主动地和家长进行沟通,告诉他们培养孩子良好习惯的方法,告诉他们可以跟孩子共同完成一个拼装玩具的组装或拼图游戏,从孩子感兴趣的事情切入,慢慢循序渐进。随着时间的积累,小A从最初不愿意持续长时间做一件事,到后来能够和家长共同读一本绘本并分享自己的想法。虽然现在小A在直播课堂上不能像其他孩子一样保持长时间的注意力,但是相较于以前已经有了很大的进步和提高。正是因为和家长及时联系,家校共育,才能走进孩子的世界,将他们带到知识的海洋中。当家长能够从孩子的角度去理解他,孩子也会乐于向家长讲述自己在学校生活的点滴,有助于孩子更好地发展。

四、实效与反思

经过前期的三部曲努力,学生的作业提交率有所提高,每个班从最初的70%到后来接近100%;作业质量更是有所提升,从最初的字迹潦草、朗读不清晰,到后来字迹工整、朗读流利。从提交率、提交质量上我不仅看到了数据的提升,更看到了学生的进步与成长,那是学习实效的提升!通过总结和反思,我的方法有以下三点。

一是以兴趣为导向。兴趣是最好的老师,兴趣是最基础的学习动力与源泉。作为教师,我们要以兴趣为导向,以人格塑造为目标,培养全面发展的人才。布鲁纳认为,学习是一个主动的认识过程,学习的最好动机是对所学材料本身的兴趣。所以，对于作业而言，教师必须精选作业内容，设计多样化的趣味活动，贯彻"用中学，学中用，学用结合，学以致用"的教学原则，激发学生学习兴趣，以丰富的形式满足学生的需求。如果学生能够对学习材料产生兴趣，就会积极、主动地投入到学习中，从而提升学习实效。

二是以赞美为动力。只有真实的赞美才能打动人的心灵。教师对学生的称赞要从学生的点滴进步入手，可能是一次字母书写工整，可能是一次课文朗读有感情，可能是一次积极地举手回答……要相信，学生每天都会有进步，只是需要我们用心去寻找、发现。当学生对一件事有了兴趣，才会有目标，才会有动力去完成，才会渴望成功。学生就像花朵一样，群芳绽放，各有其美，不能用固定的标准去衡量和评判其优劣。当我们从学生的角度出发，带领他们去学习知识，就会有不一样的收获。

三是加强家校共育。家长的支持与理解为教师工作提供了动力，也是学生网络学习的有力保障。线上教学是特殊时期的一种特殊陪伴，教师更需要与家长沟通，及时了解学生的学习情况。通过网络班会、私信沟通等方式，加强与学生家长的沟通交流，用乐观向上和真情赏识的心态激发家长对学生的美好期望，做到用恒心和耐心打动家长。教师应用心将家校协同的效能最大化，保证家校共育，共促成长。网络学习有尽时，师爱绵绵无绝期。

英语教学倡导注重落实立德树人根本任务，促进学生英语学科核心素养的发展，提高学生综合语言运用能力。线上教学更要注重提升学生的学习实效，总结我的线上教学三部曲为：兴趣为导向+赞美为动力+家校紧密联系=提升学习实效。只有做到家校共育，才能助力学生更好地成长。线上学习变的是学习环境、学习方式，不变的是我们的教育初衷。我们应认真备课、钻研教材，明确教学重难点，了解学情，有的放矢，全身心投入到每一天的工作中，唱好作业三部曲，帮助学生提高学习效率。

创新数学作业设计，助力学生"疫"起成长

北京市怀柔区中关村第一小学怀柔分校　白如平

2020年一场突如其来的疫情，阻挡了学生到学校学习的脚步，却阻挡不了他们的进步和成长！学校一边抓疫情防控，一边抓教学质量，做到两者兼顾。因此，在作业设计上，我们既要考虑不让学生因疫情耽误学习，又要尽可能减轻课业负担，让学生快乐成长。如何设计学生喜欢的作业，是摆在每个教师面前的首要任务。特殊时期要求教师对教学方式和学生辅导必须做出改变，同时对学生的作业设计也提出新的要求，教师要给学生提供富有实践性、探索性、趣味性、开放性的作业材料，即"四化"——生活化、操作化、多样化、个性化；同时开展各种各样的评比活动，调动学生的积极性，提高学生的学习成绩。

一、设计生活化作业，学以致用

真正的数学是丰富多彩的，有着实实在在、生动活泼的生活背景，是现实的、有意义的、富有挑战性的。只有从生活中来的数学才是"活"的数学。因此，六年级数学作业的设计就紧密联系新冠疫情，真正走进学生真实生活中。

例如，防控新冠疫情形势依然严峻，医生建议大家一定要按照正确方法洗手、消毒，我们可提出以下数学问题。

问题1："可用75%的酒精喷洒"，75%表示什么意思？

问题2："对门把手表面，采用1∶100的84消毒液擦拭"，1∶100表示什么意思？

问题3：现有500克水，需要多少消毒液？

再如，针对 2020 年 2 月病患统计图，可提出如下问题。

问题 1：通过观察扇形统计图，请你预判一下新冠疫情发展趋势如何？

问题 2：请你挑选其中一幅图，运用所学的分数知识，提出一个问题并解答。

二、设计操作化作业，体验中求知

"做中学"在芬兰的教育中特别被推崇。听和看虽然可以帮助学生获得一定的数学知识，但是远不如动手操作让学生掌握得牢固，还能帮助学生积累数学活动经验和思想方法。因此，教师要让学生的作业在活动中操作，在操作中体验、探索、应用所学的知识，自主完善知识建构。

例如，二年级复习钟表知识，学生比较熟悉的直尺有起点"0"，刻度线与相对应的数排列在一条线段上，但是表盘上的 12 条刻度线均匀地分布在"圆周"上，数字 1—12 却"没有头、没有尾"，这是学生认识钟表的一大难点。为了突破难点，教师布置了制作钟表的作业，让学生在动手操作中体验、探索、应用所学的知识。制作钟表，一方面，鼓励学生利用身边废弃物制作钟表，提高学生的动手能力，引导学生建构钟表的构成，然后和家长一起拨动表针记录感兴趣的事情；另一方面，鼓励学生"画表"，将一天的学习、生活用钟表表示出时间，进行记录。"画表"活动的设计，让学生经历了建构钟表的过程，从而逐步认识时间，逐步理解时间的特性，建立时间感。

三、设计多样化作业，趣味中探知

儿童心理学家皮亚杰曾说："儿童是有主动性的人，所教的东西要能引起儿童的兴趣，符合他们的需要，才能有效地促进他们的发展。"因此，低年级的数学作业设计要摆脱单调乏味的重复性作业，增加能引起学生兴趣，激发学生表现欲、探究欲、创造欲，形式活泼有趣的作业，比如，现代数学故事、趣味数学故事等；中国古代数学文化，像中国古代数字诗、古代长度单位（十进制）、传统计时器铜壶滴漏（认识时间）、古币蕴含的传统文化内涵（货币换算）等；中国古代数学玩具，像古代玩具七巧板，学生用七巧板拼出一些有趣的图案，在拼图过程中，逐渐对各种图形有了深刻的认识，为中高年级学习平面图形打下基础。

再如，跨学科学习，体育课上学生在院子里进行往返跑锻炼。可以提出以下问题。

问题 1：单程跑步大约多少米？

问题 2：跑一个来回，跑了多少米？

问题 3：如果跑了 9 个来回，一共跑了多少米？

问题 4：你跑了几个来回？一共跑了多少米？

以上问题涉及三年级数学笔算乘法与体育课往返跑跨学科学习。

设计这样的作业，首先，有意识地引导学生把体育和数学紧密联系起来，引发学习兴趣。其次，培养解决实际问题的能力。这道题的难点是理解什么是"来回"。这不仅需要学生具有与之相关的知识储备，更需要学生具有调动这些知识储备的能力和方法，也就是我们常说的解决问题的策略方法。此时学生可以借助运动轨迹分析或者画图进行理解。

四、设计个性化作业，凸显思维层次

《义务教育数学课程标准（2022 年版）》提出实现"不同的人在数学上得到不同的发展"，是对人的主体性地位的回归与尊重；需要正视学生的差异，尊重学生的个性；希望数学教育能最大限度地满足每一个学生的数学需求，最大限度地开启每一个学生的智慧潜能，为每一个学生提供多样性的弹性发展空间。为了让学生能自主地、富有个性地参与学习，作业设计的内容、形式、要求必须有多样性、选择性、层次感。中高年级可以针对不同学习水平的学生设计出难易程度不同的课堂作业。了解、理解水平的作业是必做题目（全体学生完成）、掌握水平的作业是可选择题目（学习困难的学生可不完成）、应用水平的作业是拓展提高题目（学习水平高的学生完成）。

例如，根据单式、复式条形统计图，可提出如下问题。

问题 1：2 月 12 日，新增确诊病例哪个省最多？

问题 2：连续三天，哪个省新增确诊病例最多？

问题 3：通过研读数据，新增确诊病例整体发展如何？

问题4：你还能提出哪些问题？并试着解答。

五、树立榜样，营造氛围

为了调动学生学习的积极性，根据学生当天作业的完成情况，每天下午3点教师都会在群里进行总结（录制视频进行重点题型的讲解），并树立典型（展示优秀作业图片并配有语音），以此激励其他学生奋勇向前！

由于我所任教的（1）班和（2）班的学生智力水平、性格特点都有所不同，因此每天作业的完成质量也大不相同。为了能够让两个班的学生齐头并进，我决定"略施小计"，没想到孩子们果真"上钩"了。

例如，在复习"厘米和米"这部分知识时，有一道选做题：先测量自己的头围，再做一个合适的头饰。当天上午批改作业时，我看到（1）班有几个孩子制作出了漂亮的头饰，并拍照片发到了班级群里。而此时（2）班没有一个人动手去做头饰，其实有的孩子已经在本子上写出了自己头围的厘米数（这肯定是经过测量之后得到的，因为他的答案是准确的），那他们为什么不去动手做做呢？究其原因，就是一个字——"懒"！这是居家学习期间我对（2）班很多学生的认识。其实（2）班有一部分学生的思维反应能力很强，甚至比（1）班略胜一筹。因此我把（1）班上交的头饰照片收集好，汇总后悄悄地发到（2）班群里，标题就是：快来欣赏心灵手巧的"小可爱们"。发上去之后我一句话没说，聪明的（2）班孩子自然是心领神会，后来（2）班的一些孩子果然在榜样的带动下，也动起手来，一个个漂亮的头饰随之出现，榜样的力量真是强大呀！

看到这个妙招十分管用，后来的日子里，我便时不时地把两个班的经典作品进行换班交流展示，从而使自己所教的两个班的学生互相取长补短，达到共同进步、共同提高。

六、学以致用，寓教于乐

教师有选择性地留选做性的作业，目的就是让学有余力的学生得到进一步提升。精心设计的题目不仅可以提高学生的动手操作能力，而且可以拓宽他们的视野，可以说是"一举两得"。为了激发孩子们参与的热情，我在布置作业时就"略施小计"，没想到最后孩子们玩得不亦乐乎。连家长都在朋友圈宣传自家孩子的"杰作"，还称赞这是孩子们的最爱。这才是真正的学以致用、寓教于乐的数学啊！看到孩子们一幅幅漂亮的作品，让人赏心悦目；一张张可爱的笑脸（戴着自己亲手制作的头饰），让人欣慰、感动！

七、制作数学小报，提升学生素养

为了鼓励学生制作数学小报，培养学生的数学阅读，给学生营造数学氛围，在延学期间，我布置了"绘制数学小报"的作业。由于这是学生第一次做数学小报，所以完成的质量参差不齐。但我想：这是第一次尝试，他们能完成就已经很不错了！为了增强学生的自信心，鼓励他们今后坚持做下去，我对他们的作品分门别类、有针对性地进行了评价。例如："孩子们，你们的数学小报内容丰富、图文并茂、色彩鲜艳，很棒，再接再厉！""孩子们，你们用心制作，各具特色，超级厉害！""孩子们，看到你们用心绘制出的一幅幅作品，真是一种享受，你们太厉害了，为你们点赞！"总之，我在"用心"评价学生交上来的每一幅作品，给予他们更多的肯定与鼓励！我坚信，只要学生坚持把数学小报办下去，一定能提高他们的审美能力、思维能力以及创新能力。

虽然这次突如其来的疫情让我们和学生暂时无法相聚在学校一起学习、一起交流、一起欢笑，但教师和学生的交流与沟通没有阻断。在这段特殊的时间里，我们和学生时刻不忘学习，我们精心设计数学作业，为不同水平的学生在数学上能得到不同的发展提供了实现的可能，为学生在数学方面的可持续发展打下坚实的基础。教师与学生会你追我赶，"疫"起成长！

改进居家锻炼策略，有效降低学生肥胖率

北京市延庆区第二小学　赵起云

一、问题提出

2020年的春季开学与以往有所不同，受新冠疫情的影响，学生需要居家，春季开学由延期转变为线上教学。面对学生生活、学习现状和历年来学生体质健康测试成绩逐年下降的趋势、日益增长的体重，如何激发学生自觉、主动参与锻炼的积极性，提高学生的身体素质，降低肥胖率已经成了目前迫切要解决的问题。为此，疫情防控期间，延庆区第二小学实施"五·三·二"工作策略，即采取"五结合""三激励""两平台"等措施，来激发学生自主锻炼的积极性，提高学生身体素质。

二、研究对象与研究方法

本研究对象为延庆区第二小学一年级至六年级1613人，其中男生820人，女生793人。

采用的方法：（1）对比法。收集居家期间学生身高、体重基本情况，对学生进行一分钟跳绳、一分钟仰卧起坐项目测试，再从2019年11月学校对学生体质健康普测成绩中提炼身高、体重、一分钟跳绳、一分钟仰卧起坐测试相关信息及成绩，进行对比。（2）调查法。结合学校开展的"十个好习惯"自我监测表，调研学生居家生活自主锻炼情况。（3）分析法。对相关信息和数据进行分析，论证实施"五·三·二"工作策略对学生身体素质的作用。

三、研究过程

（一）前期数据分析

为了充分了解学生的身体状况、运动成绩、运动兴趣，我们对2019年体育测试数据进行了分析统计，具体结果如下。

1. 学生身体情况

我们对一年级至六年级学生身高、体重进行统计，并用"正常体重、较低体重、肥胖（超重）"三个指标进行描述，统计结果如图1所示。

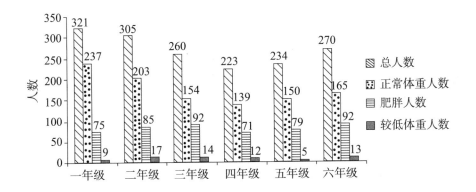

图1 一年级至六年级学生身高、体重统计情况

通过上图可以看出，就体重是否超重一项，一年级至六年级均有涉及。全校1613名学生中，494人肥胖（超重），约占总数的30.6%。由此可见，加强锻炼，控制体重，提高身体素质迫在眉睫。

2. 学生运动成绩

我们从体质健康测试中选取了"跳绳成绩"进行统计分析，具体情况如图2所示。

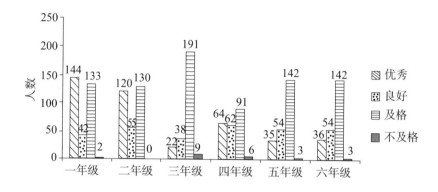

图2 一年级至六年级学生跳绳成绩统计情况

从统计图中可以看出,一年级至六年级学生跳绳成绩趋于良好状态,1613名学生中合格率约为98.6%,优秀率约26.1%,良好率约18.9%;从学段看,低年级成绩优于中高年级。这与学生的锻炼兴趣相关。

3. 学生良好运动习惯

体育运动既讲究科学,又依靠持之以恒的锻炼决心,良好的锻炼习惯直接影响运动成绩和身体素质,为此,我们随机选取了低、中、高年级学生300人(每个学段100人),进行了良好锻炼习惯调研。调研结果如下。

(1)大部分学生认为体育运动与身体素质有关。说明他们意识到运动的重要性,这对提高运动兴趣,养成良好运动习惯很重要。

(2)大部分学生对体育运动比较感兴趣。有76%的学生喜欢体育运动,通过个别访谈也了解到:体育运动能给他们带来乐趣、能和好朋友一起交流、不用做功课等是他们喜欢体育运动的原因。

(3)部分学生认为没有伙伴影响了锻炼积极性。有36%的学生和父母一起运动,这些多是中低年级的学生;45%的学生独立运动,这部分多是高年级的学生;19%的学生经常和伙伴一起运动。由于大部分父母是双职工,很少有时间和孩子一起锻炼,又没有合适的伙伴,部分学生只能自己个人锻炼,各种原因造成他们不能很好地坚持运动。

(4)部分学生主动锻炼的习惯相对较低。有31%的学生有主动锻炼的习惯,同时也有35%的学生不能主动锻炼,他们多是完成老师的锻炼任务。由此可见,提高兴趣、养成良好习惯很重要。

（5）学生的体育运动缺少持之以恒的精神。大部分学生缺少持之以恒的精神，能够坚持 90 天的多数是体育特长生，有 40% 的学生只有短期锻炼习惯。可见培养持之以恒的精神也很有必要。

通过统计数据可以发现：我校学生身体状况不容乐观，由于生活条件好，学生缺少一定量的运动，肥胖的学生还占一定比例；学生在校的运动情况良好，从跳绳统计数据中可以看出，学生的运动成绩良好，但是回家后的运动习惯较差，很少主动锻炼。疫情期间学生的肥胖率会不会提升，运动能力会不会下降，能不能养成良好的居家运动习惯，这些对于学生的健康成长十分重要。为此我们实施了"五·三·二"工作策略，旨在激发学生运动兴趣，养成良好的运动习惯，降低肥胖率、近视率，从而提高学生的身体素质。

（二）策略实施

1. "五个相结合"激发学生自主锻炼的积极性

疫情导致开学延期，学生生活、学习多数为居家，如何调动学生自主参与锻炼的积极性，养成自主锻炼的习惯至关重要。对于每个教育者来说，疫情期间的工作具有全新性、挑战性、创新性。

（1）与居家环境相结合，就地取材锻炼。

疫情期间，我们每个公民都要落实"四方责任"中的个人责任，居家，不聚集、不外出，学生也不例外。为打赢疫情防控阻击战，保证学生在家期间也可以进行体育锻炼，增强体质，提高抵御疾病的能力，体育组教师根据学生居家环境特点，如场地小、邻里之间不可打扰，结合学生年龄特点，在低、中、高三个学段创编了体能训练操；利用家庭现有物品，如座椅，创编了座椅操，用毛巾创编了毛巾拉伸操，用矿泉水瓶创编了持轻器械操；结合家庭客厅场地有限，创编了跳格子练习；等等。这些内容的创编极大地调动了学生自主锻炼的积极性，赢得了学生的喜欢，家长纷纷录制了孩子们居家锻炼的视频，从视频上不难看出孩子们内心的欢喜。

（2）与家务劳动相结合，模仿劳动锻炼。

防疫期间，家长除了外出购买生活必需物品外，大多数时间都在家做美食、收拾整理房间。为了提高学生身体素质，体育组教师充分发挥家长的监护作用，把锻炼内容与家务劳动相结合，创编了各种与家务劳动相关的运动模仿练习，鼓励学生模仿家长劳动中的动作进行锻炼，如，用墩布墩地、用抹布擦桌子、用消毒液擦拭桌子、用手中的道具模仿炒菜等运动活动，通过模仿家长做家务劳动，不仅激发了学生自主锻炼的兴趣，而且对学生进行了劳动教育，并引导学生创新性地开展体育锻炼。

（3）与测试项目相结合，制定专属锻炼。

疫情期间有效开展体育锻炼活动的出发点和落脚点最终是为了学生的健康成长。本着促进学生健康成长，提升各个测试项目成绩的原则，我们结合上学年学生体质健康测试成绩，梳理了不同项目成绩相对薄弱的学生名单，体育教师结合学生体质健康测试薄弱项目，精心为每一位学生定制居家锻炼专属任务单，要求学生每天针对自己的薄弱项目进行强化训练，以此提升该项目成绩。如一、二年级以1分钟跳绳和1分钟坐位体前屈为主，学生根据自己的身体情况选择做5~8组；三年级至六年级以1分钟仰卧起坐和1分钟跳绳为主要内容，并且根据学生年龄制定不同的、可供学生选择的练习次数。

这样的安排解决了学困生"吃不了"，优秀生"吃不饱"的问题。学生在练习中既有锻炼目标，又能锻炼身体、增强体质，同时为体质健康测试工作做好了充分的准备工作。

（4）与体能训练相结合，强化重复锻炼。

体能是通过力量、速度、耐力、协调、柔韧、灵敏等运动素质表现出来的人体基本的运动能力，是各项运动成绩的基础要素。因此，在设计学生锻炼任务单过程中，我们把提升学生的体能训练放在了首位。每个年级上午的锻炼任务以体能训练为主，如一、二年级以提踵、蹲起、直腿跳为主；三、四年级以开合跳、蹲起、后踢腿、原地弓箭步走为主；五、六年级以开合跳、跳跃胯下击掌、原地弓箭步走、原地后踢腿、蹲起为主要内容。体能训练内容的设计与安排以兴趣为主体，每个动作的设计简单且易于学生模仿练习，学生听着欢快的音乐，在不知不觉中提高了体能，为其他具体项目成绩的提升做好了充分的准备。

（5）与亲子游戏相结合，在游戏中锻炼。

教育从以"教学为中心""学生为中心"发展到今天以"学习为中心"，

可见教育的发展转变，教育的最终目的是让人未来能够更好地生活。体育学科不仅肩负着强身健体的作用，还肩负着五育并举的作用。在这个特殊时期，学生、家长多数为居家，如何加强亲子教育，增进亲情，让每个学生懂得尊重别人、关爱亲人，学会与别人友好相处呢？体育教师结合学生年龄特点，分别在低、中、高学段创编了亲子小游戏，如踏石采珍珠、全家总动员、小绳子大运动、快手取物、举腿触物、俯身传物等。这些亲子游戏的创编为学生和家长提供了一个友好相处的空间，不仅增强了学生的体能训练，而且激发了学生和家长的练习兴趣，促进了亲子间的友好沟通，增进了亲情，使学生学会与别人友好合作。在家长的配合下，学生自主参与锻炼的积极性不断增强，形成了健全的人格，锤炼了意志品质。

2."三个激励平台"激发学生锻炼内驱力

内驱力是自己想要做，自己很喜欢做，外驱力则是外界因素鞭策或鼓励去做。为了更好地激发学生的内驱力，我们采取了"三个激励平台"，以此激发学生锻炼的积极性。

（1）借助公众号平台，全校展示激励。

结合学生在家锻炼情况，学校面向全体学生征集居家锻炼的相关视频、照片等，视频通过剪辑软件整理、修剪好，照片分类编辑，通过学校公众号平台进行展示，点击次数上千次，备受社会关注。

（2）借助微信、钉钉平台，班级展示激励。

疫情期间，学校开发了微信、钉钉平台的功能，由全体任课教师、家长组建工作群，教师可以随时在群里监测学生的成绩，家长可以随时解决家教的困惑，学生也可以随时把自己锻炼的情况通过视频、照片的形式发送到班级群中，供其他学生学习，并提出宝贵意见。在激发学生锻炼的同时，技术动作也能够及时改进。

（3）开展大比拼活动，争优展示激励。

借助体美科、青少年活动中心组织的"班级1分钟仰卧起坐"比赛活动，学校开展了"运动小达人"的评选活动。1分钟仰卧起坐、1分钟跳绳项目，凡是能达到评价标准的优秀等级，学生自愿录制视频上交，经过学校评委小组认证，对符合标准的学生颁发"运动小达人"证书，并按照比例评选出一、二、三等奖。

3. "两个监测平台"鼓励学生自主锻炼

（1）自主监测平台。

体育锻炼监测与德育活动相结合，开展"十个好习惯"每日评价活动。主要项目是1分钟跳绳、1分钟仰卧起坐。学生每天按照建议单进行锻炼，记录当天自己各个项目的最好成绩。

（2）教师监测平台。

学校开展"温馨跟踪提示锻炼"活动。借助钉钉、微信平台，每位体育教师深入班级群，定期提示家长督促学生锻炼，并对学生的锻炼技术动作给予充分的指导。

四、实践效果与建议

（一）实践效果

实施居家锻炼策略有效降低了学生的肥胖率，采取"五个相结合""三个激励机制""两个监测平台"等措施，收到了一定效果。

（1）激发了学生自觉参加锻炼的积极性，并带动了家庭锻炼，为提升全民终身锻炼奠定了良好的基础。

（2）转变了以往有足够场地才能锻炼的理念。今后无论学生身处室内还是室外，都能够自主地开展锻炼。

（3）让学生感受到体育锻炼无处不在。生活即体育，体育即生活。每个人的体能训练储备是各个项目成绩提升的基础，因此体能训练不可忽视。

（二）实践建议

（1）学生锻炼建议单的设置要充分考虑学生年龄，要有学生可选择的内容，给学生充足的选择空间，解决优秀生"吃不饱"、学困生"吃不了"的情况。

（2）在实施全过程中要取得家长的大力支持与配合，家校之间要形成合力，通力合作为学生健康成长做好服务。

（3）体育教师要起到全面推动的作用，既是学生成长的陪伴者、鼓励者、欣赏者，又要做好学生学习的指导者、评价者。

借助"空中会客厅"促进学生身心发展

北京市海淀区红英小学 陈淑兰 张杰利

疫情期间,各学校都依据自身情况,借助互联网平台,开启了形式多样的线上学习活动。红英小学除了关注学生学业学习,还关注学生疫情期间的生命质量,尤其是学生的心理健康。学校以"空中会客厅"为载体,缓解问题冲突,营造健康、轻松、积极的学习氛围,在情绪调节、行为习惯、主动参与方面促进学生成长,是学生延学路上的心灵驿站。

一、线上教育实施中的问题

疫情期间,学校各尽其能,线上教育如火如荼地展开,确实是师生无法面对面教学后采用的一种必然而有效的策略。随着网络教育的开展,渐渐地也出现了一些问题。

(一)长期的幽闭环境造成学习情绪的负面化

疫情阴霾笼罩下,人们长时间居家隔离。依据心理学理论,持续生活在一个幽闭、狭小的空间里,视野的局限、空间感的逼仄会给当事人带来较大的心理冲击,容易产生恐惧、抑郁、孤独、愤怒等负面情绪。当这些不良情绪因为某个触发点被激活后,就会给当事人带来强烈的负面情绪反应。

从隔离开始至延学开启,学生们已经近30天闭门不出,而延期学习依旧要待在狭小的室内环境中,面对各科学习内容,大部分时间是自己独自学习,即使在线与教师、学生交流,大多也是文字、语音,且多围绕学业开展,很少能与同学、教师见面聊天谈心,心中自然孤独、郁闷。

（二）自律能力的区别造成学习效果的差异化

学校与教师将精心准备的学习资源通过网络形式呈现给学生后，师生互动机会变少，教师监控评价能力减弱。调查显示，延学期间，22.7% 的学生家长外出工作无法陪伴、监督学习，这说明家长的陪伴、监督也无法起到应有的作用。此时，真正的资源利用效果很大程度上取决于学生。

而心理学认为，处于小学阶段的学生的自律能力还处于形成阶段，主要依靠他律来约束。不同学生的自律能力有差异，加之外部环境如电视、电脑、手机又在时刻诱惑，这使得不同学生在家学习的状态产生了明显的差别，学习效果的差异也更加明显。

（三）活动形式的单一造成学习参与率的下降

延学期间的学习活动，各学校都能注意到内容的丰富性，除了学科知识性学习外，还提倡学生积极劳动实践、绘画表达、运动锻炼、活动探究，这些课程资源与学习内容能促进学生德智体美劳的全面发展。而各学科、各项活动的开展流程往往都是"教师积极号召—学生响应分享作品—教师或学生评价"，活动形式简单，渐渐地，学生的参与热情就容易降低，最终造成活动的参与度不高。

二、线上教育新措施——"空中会客厅"

教育是培养身心健康、全面发展的学生，基于对以上问题的思考，学校在延学实践中，逐渐探索出了"空中会客厅"这一教学形式。

"空中会客厅"采用多媒体技术实现云中视频交流，突破地域与空间限制，将线下丰富的教育教学活动转为线上进行，在场景化的互动中全方位调动师生的视觉、听觉，而这在一定程度上弥补了以往互联网教育的弊端，能帮助学生调节情绪、养成良好的行为习惯、提高学习参与度，最终促进学生全面发展。

（一）"空中会客厅"实施原则

1. 生命第一

教育者面对的是一个个鲜活的生命个体，教育的目的也应是借助教育促进生命个体的全面发展。知识教育、能力教育、素养教育等都是教育内容，但排在第一位的应该是生命教育。尤其是疫情延学期间，教师应牢记"生命比学习更重要"这一育人理念，借助"空中会客厅"，搭建交流平台，满足学生情感、心理等方面需求，引导学生保持积极向上的心理状态。

2. 全面发展

五育并举的育人理念说明学生的成长发展包括但不限于知识的增加，健康的体魄、积极的心理、阳光的情绪、良好的行为习惯……都应该是学生成长的重要组成部分，而且也远比知识的增长更加重要。在学校开展的延学课程中，采用"空中会客厅"进行线上教育，不再将目光仅仅聚焦到知识获取上，而是更加关注学生的心理、情绪、习惯、身体等方面的全面发展。

3. 协同共生

教育需要依靠家庭、学校、社会共同作用。疫情期间的延期学习同样也要发挥各方面的力量，建设教育共生体，发挥协同育人作用。采用"空中会客厅"这一教学形式，激发学生的主体参与、教师的主持引领、家长的主动辅助，形成"教师—学生—家长"良好的协同共生关系，最终促进学生的提升与发展。

(二)"空中会客厅"的实施路径

针对线上教育中出现的问题，基于以上原则，结合学生的实际需求，学校借助"空中会客厅"这一交流平台，借助首席项目制，发挥教育共生体的智慧与力量，关注学生心理，帮助学生调节情绪、养成良好的行为习惯、提高学习参与度。

教师、家长、学生借助首席项目制，在"空中会客厅"每个活动的实施过程中担任发起者、组织者。学校层面，首席教师以班级或以年级为单位，组织诸如空中茶话会、空中读诗会、空中班会等活动，借助德育、学科知识沟通情感，帮助学生调节情绪、养成习惯。家庭层面，首席家长依据自身的专业与特长，开展"空中家长课堂"，疏导学生心理，助力学生成长。总之，在"空中会客厅"的轻松氛围中，学校和家长或关注疫情期间学生的心理、情绪，或关注疫情期间对学生的爱国教育，或关注专业内容的传递。学生层面，首席学生依据自身的需求，开展有趣而有意义的活动，例如空中挑战赛，既在活动中锻炼了自身能力，又在活动中激发了全体学生参与的积极性，促进延学线上课程的学习。

三、开展"空中会客厅"，关注学生身心全面发展

在具体实施过程中，教育共生体中的教师、家长、学生开展了形式多样的"空中会客厅"活动，帮助学生调节情绪、养成习惯，激发了学生参与活动的热情。

（一）关注心理健康，助力情绪调节

学习心理学表明，情绪对于认知功能、学习动机、学习投入等方面均有重要影响，因此帮助学生调节情绪，建构积极情绪显得尤为重要。因疫情而一直居家学习的学生，面对面社交活动锐减，心中既孤独又有思念。此时，延学活动就要关注到学生的心理困境，"空中会客厅"这一交流形式可以缓解内心负面的情绪，建构积极的正面情绪，帮助学生保持阳光健康的心理。

1. 视频倾诉，缓解负面情绪

每周举行的"空中会客厅"，在一次次的面对面倾诉中，缓解了师生彼此间的思念，驱散了学生内心的负面情绪，带来了无尽的愉悦与欢喜。例如，五年级的董老师在调研中发现，班级一部分学生长期在家比较孤独，思念同学和老师。鉴于此，董老师作为首席教师开启了"空中会客厅"，将班级学生分成五组，每组五名学生，每组每周确定一个时间，一起举行视频见面会。在见面会上，学生和老师敞开心扉，互相倾诉对彼此的思念，谈天说地，畅聊生活、学习、娱乐，在一句句洪亮的话语中，孤独与郁闷随之消散，在一次次悦耳的笑声中，快乐与开心悄然降临……

2. 云中交流，建构积极情绪

实践中，一些首席教师、首席家长更是巧妙地运用"空中会客厅"引导学生建构积极的情绪，在情绪调节上发挥着重要作用。

（1）关注时事，榜样引领正能量。

这次疫情是一场危机，但也是一份教育素材。各行业涌现出一批批榜样，他们牺牲了自己的休息时间，放弃了与家人团聚的机会，冒着被感染的

危险坚守在各自的岗位上，默默地守护着大家的安全。按照社会认知理论的观点，这些榜样事迹能给予学生积极影响。因此，五年级的首席教师们开设了"红英小学有声共读之'战"疫"——思政课堂'"，每天一位教师在线朗读抗疫期间的英雄事迹，学生每天坚持聆听，并及时交流感想和收获，在这一过程中，学生自然会被全国人民众志成城抗疫情的伟大精神所感染，更加懂得生命的意义，更加珍惜美好生活。学生在学习过程中，就能转变心理，抛却自身的小情绪，获得积极向上的正能量。

（2）和谐亲子，播种阳光心理。

健康的心理与情绪建构中，师生之间的互动是重点，但亲子关系也是不可忽视的部分。延学期间，教师、学生、家长之间无法面对面沟通，但是开展"空中会客厅"系列主题活动可以巧妙化解这个问题。例如，"家长学校"主题会中，首席教师推荐好的教育方法，使家长明确认识到不同年龄段孩子的心理特点，了解孩子的心理特点及主要烦恼；"兴趣沟通"交流会中，首席家长创设一个话题或者活动，孩子与父母在互动中产生更多的共同语言；"民主会议"则在民主平等的前提下，定期召开一次小型视频会议，让学生畅所欲言，了解学生真实想法，并有针对性地提出建议。这样的师、生、家长三方互动，增进亲子间的感情交流，和谐了亲子关系，学生在这样的互动中，情绪自然愉悦，也建构了积极、阳光的正面心理。

（二）聚焦自律培养，注重行为养成

行为心理学研究表明，一个习惯的养成通常需要 21 天。疫情改变了人们的生活，也改变了学生的学习方式。延期学习开启时，学生延续的是假期生活模式，还没有来得及养成在家学习的良好行为习惯。小学生的自律能力不足，脱离了家长、教师的监督，再加上手机的使用，一部分学生很容易陷入拖延、走神、懒惰的学习状态中。

三年级的苏老师发现问题后，分小组分时段，分别开展了一次"'空中会客厅'之主题班会"活动。空中班会一开始，苏老师朗读致学生的一封信《约定》，唤醒了学生心中的自律意识，接着组织教学交流自我控制力弱时的表现以及带来的不良影响，然后进行深刻反思，最后发出号召，学生一起朗读在家学习自律倡议书，下定决心提高自己的自律能力与自我控制力。

利用"空中会客厅"打破空间距离，同样可以开展德育工作，在班级内组织班会，帮助学生提高自律能力，促进学生在家良好学习习惯的养成。

（三）创新活动形式，提升参与积极性

延学期间的线上教学，如果只有发布作业、分享作业、点评作业的形式，那么很难保持学生的学习热情。学生参与的积极性与时间成反比，而"空中会客厅"就为线上学习提供了活动创新的可能与便捷，进而提升学生的学习参与度。

1. 年级挑战赛，激发学习的热情

竞赛活动，尤其是年级中不同班级的竞赛活动，总能激发学生的热情和积极性。基于学生的需求，五年级的首席学生就巧妙地利用了这一点，举行"'空中会客厅'之挑战赛"，燃起了年级学生竞相学习的斗志。通过收集学生在诗文背诵、乐器演奏、体育运动、英语配音中的积极学生的视频，汇总制作美篇，向整个年级发出挑战书"等你来挑战！"，营造竞争氛围。接着，汇总挑战者信息，确定不同项目的比赛时间。最后，比赛时，在首席学生的组织下，全体学生借助 Zoom 开启实时空中挑战赛，邀请班级学生在线加油助威。激昂的诵读声、美妙的乐曲、潇洒的身姿、洪亮的助威声……一时间，空中挑战赛好不热闹！借助互联网技术，各项挑战赛克服了地域限制，同学们齐聚线上开展班级竞赛活动，有效地激发了学生们的比赛斗志与学习热情。

2. 班级辩论赛，引领思维的火花

辩论赛锻炼了学生的语言表达，同样训练了学生的思维，启迪了学生的认知。"疫情期间，该不该点外卖"这个与现实生活紧密结合的话题，引发了学生的兴趣，踊跃报名后，学生依据自己的论点收集资料、组织材料，做好准备工作。活动时，评委、辩手与观众同时进入 Zoom 会议模式，在首席教师的引导下，活动有条不紊地进行着，辩论场上，大家唇枪舌剑，好不热闹。无论是评委还是旁听观众，都被辩手们的精彩表现牢牢吸引。"'空中会客厅'之辩论赛"中，有学生的主动探究、积极思考、清晰表达，激发了研究的热情，也锻炼了学生的各项能力，更在观点的论证反驳中训练着学生的思维，在信息的你来我往中提升认识水平，真正实践着"停课不停学"的内涵。

3. 学科朗读会，最是诗歌牵人心

延学期间，学校提供的英语资源包的重点和难点部分是英语经典诵读。对于英语基础不好的学生来说困难重重，仅依靠教学视频，效果并不好。五年级的英语教师刘老师尝试借助"'空中会客厅'之读诗会"，帮助学生营造诗意的氛围，激发朗读兴趣，减轻学习难度。诗歌朗诵会上，刘老师先带着学生梳理完重点难词；接着，示范朗读后再一起读诗，每个人1～2句接龙，老师或其他同学点评，之后自由练习；最后，有兴趣的学生自愿为大家读诗。整个活动过程中，学生都静静聆听，认真朗读，在优美的诗歌意境中，既学习了语言，又陶冶了心灵。空中读诗会使学生认为难的问题得以解决，美好的氛围和诗歌激发了学生的学习热情，他们积极提交作品，且质量也比自学好了很多。这些形式多样的活动借助"空中会客厅"得以顺利实施，提升了学生的学习参与度，也得到了家长们的认可。

四、"空中会客厅"教学形式的效果与启示

（一）"空中会客厅"教学形式的效果

自延学开展以来，红英小学在实施线上教育过程中逐渐探索出"空中会客厅"这一教学形式，而来自实践的探索也取得了良好的效果。

1. 关注了学生心灵需求，赢得了学生和家长的认可

借助互联网技术，线上教育以往的着眼点是学科知识的学习，但疫情期间的延学教育则应将更多的注意力放到学生的心灵上，纾解心理压力，满足情感需求，促进学生在家良好学习习惯的养成。"空中会客厅"这一教学方式可以说正好满足了这些要求，且在实施后获得了学生、家长的普遍认可。

2. 发挥教育共生体作用，形成育人合力

"空中会客厅"在开展中，不仅注意发挥教师的引导作用，还重视家长的参与，积极调动学生的参与度，构建了家校教育共生体，让每一个有益分子都能参与到线上教育中，形成育人合力，从而促进学生全面成长。

3. 借助互联网科技，丰富了教学形式

随着互联网的发展，网络技术越来越成熟，足以支撑多人视频交流，这

使得"空中会客厅"这一教学形式得以在技术的支持下具有可操作性。以视频的方式，师生之间进行面对面互动交流，无疑丰富了线上教学形式，是一次有益的探索。

(二)"空中会客厅"教学形式的启示

1. 教学形式要基于教育本质与学生需求

"空中会客厅"这一教学形式表面上是借助互联网技术方便了教学工作的开展，实质上是真正从学生学习过程中的实际需求出发，从而在情绪调节、行为习惯、主动参与方面发挥了重要作用。

疫情来临，线上教学的开展促使教学理念、教学方式、教学生态发生了深刻变革，但只要从学生需求出发、从教育本质出发，就是一种有效的措施。而我们在探索有效教学形式时，也切不可被新技术迷惑，即只顾追求外在形式，而忽视教育的目的和本质。

2. 效果良好的教学形式的可持续化运用

疫情总会过去，学校的教育也会恢复正常。但经历了这段特殊时期的学校教育，不能在恢复正常后就将疫情中的工作与日常工作截然分开，而应思考如何将疫情期间效果良好的教学形式转化为日常教学手段。比如，延学期间"空中会客厅"在学生的心理、情绪、习惯、参与度等方面发挥了重要作用，可以思考如何利用它促进学校日常教育教学，使具有良好效果的教学形式能够持续地运用。

"空中会客厅"犹如心灵的港湾，关注到学生的生命教育，为学生搭建合作交流平台，丰富了学生网上集体活动，纾解了学生思念、孤独、焦虑的情绪，促进了学生学习的主动性，为延学教育工作的开展提供了一种有效的教学形式。

疫情居家线上学习期间作业评改方式的思考

中国人民大学附属小学　王芳

2020年注定不寻常，新冠疫情让学生无法正常回归校园上课学习，居家线上学习成为春季学期的常态。线上教学对教师、学生、家长都是一个挑战。在不断地尝试、摸索中，我对作业评改反馈方式有了一些自己的思考。尽管通过网络可以与每一位学生沟通、联络，但与传统的课堂教学相比，教师总有一种抓不到学生的无力感。倘若仍使用传统课堂的法子，不仅教师会陷入焦虑不安的状态，学生也很难从教师那里得到有效的指导。因此，我对作业评改及反馈形式进行了调整，并在不断尝试中发现作业评改及反馈方式的变化，在很大程度上激发了学生自主学习的动力，同时也感受到教师角色在特殊时期的变化。

一、作业收发：零收整发，兼顾学生个性安排和共性需求

学校秉承一以贯之的乐学教育理念，倡导学生根据自己的兴趣和需求做个性化的学习生活计划。因此，学校提供的各个学科的学习单及视频课，作为学生的学习资源，由学生自己进行安排。

在这样的情况下，在收发作业方面如何兼顾学生个性安排和大家的共性需求呢？

在班级通知微信群之外，我们又建了班级学习交流群。在建群之初我意识到，倘若语文、数学、英语三科老师的作业都在班级学习交流群里收发，再加上讲评、交流、答疑，即便老师们每天分配好时间段，这个群也会因为不断有人交作业而闹哄哄。学生和家长爬楼看评改、听讲评费时费力，也不利于老师作业的收集、整理、分析，最终影响反馈。

于是我建立了班级公共邮箱，把班级学习群中收作业的这一项功能转移至公共邮箱。在邮箱的文件中心，以文件夹形式设立好语文、数学、英语、班级相册等文件夹。在一级文件夹中各学科教师根据学科需求设置二级文件夹，如，一级文件夹——语文学科，二级文件夹——基础知识学习单、古诗词学习单、《史记》学习单等。学生根据自己的计划安排，完成学习单的命名后上传至相对应的文件夹。教师随时上网查看，批改作业。待某个文件夹中所交的作业数超过班级人数的四分之三，再统一打包压缩，发到班级学习群中，并提示未交的少数同学不再发邮箱，而是直接将作业私信发送给教师进行批改。

这样零收整发，既尊重了学生的自我规划安排，又不会在班级群里造成混乱的局面。尽管学生有自己的个性安排，每一次作业上交的时间不同，但绝大多数学生都能积极认真地上传作业。作业零收整发的做法积极配合着学生的自主规划和安排，让自主不只是口号。

二、批改反馈：分类反馈，个性指导与统一展示相结合

批改作业是教师的常规工作。传统批改方式相对直接易行；网络批改作业，尤其是学习单的批改着实耗时费力，原本 40 分钟可以批改完成的作业，网上批改可能要花两三个小时。尽管如此，从作业中了解学生知识掌握的情况和学习态度等，是最直接的，也是最说明问题的。

但作业如何批改才能有效起到引导学生主动学习的作用？我给作业做了几个分类，对不同的作业做不同的评改及反馈。

（1）基础知识类作业：这一类作业对学生来说并不难（如字音小卷），在布置此类作业时提出自评自改要求，学生结合自己的情况先自评自改，改完后再上交。这样既能培养学生自我检查修改的能力，也能让教师在学生评改的作业中了解学生的学习态度。背诵作业也算在此列，鼓励学生根据自己的情况制作背诵通关表，自我监督，开学后再根据个性通关表进行验收。

（2）综合类作业：这一类作业需要进行深度思考（如记叙文阅读），作业可以直接上交，由教师进行批改。这样的作业批改重点应放在学生听完教师讲评后的修改上，要对学生修改的内容进行复批。教师通过复批，能及时

了解学生是否真正理解了题目，掌握了答题方法。对于修改后仍有错误的学生再进行个别辅导。

（3）展示性作业：这一类作业有练字、作文、练笔、书画创作、诗词创作等。这些作业有其独有的艺术性。这一类作业可以用个别指导、集中展示的方法，如在验收假期练字时，我将全班学生的练字作业用小程序整理成图文形式，并将学生的原创诗词、绘画、文章等作品以"一笔一画写字，一点一滴做人"为主题嵌入其中，让学生在展示性作业中受到启发、感染，激发自身向真、向善、向美的内驱力。

在分类反馈、个性指导与统一展示相结合的做法下，很多学生受到同伴的激励，主动练字、写作、阅读……并且主动私信给老师，也愿意与同学们分享。

三、讲评复批：用耳用脑，居家学习有落实有效果

学生作业的讲评和复批是落实学习效果的重要环节。但如何有效落实才能让学生不会有累赘烦琐之感呢？我尝试过用微信语音的方式在学习群中反馈，但是看着一排排矩阵语音，再配上典型题目分析的图片，我自己看着都觉得头大，更何况是学生。于是，我开始尝试用多种方式反馈作业。

（一）录音讲评

在批改完作业后，根据班级作业情况录制讲评、音频，与批改好的作业一并打包发到班级学习微信。如，在讲评"爱国古诗词学习单"时，结合学生的做题情况和题目内容做出讲解，重点分析易错题目。另外，根据本班学生往常热爱诗词，尤其对作家作品背后的故事充满兴趣的学情，我结合"爱国诗词"这一主题把爱国诗词中主要的诗人、诗歌特点、诗歌创作背景及背后的故事等做了介绍。这样学生在听讲评的过程中，又能饶有兴趣地听一堂关于"爱国诗词"方面的微课，一举两得，何乐而不为。

（二）文档分析

对于一些相对简单的作业，我采用了文档反馈的形式。在反馈整体情况

之后，将每道题的易错点或者做题思路在文档中用不同颜色标注，配上学生的典型题目分析，一目了然。如，在成语积累与运用学习单中，"根据情境填写恰当的成语"一题错误率较高。因此，我在写清答案的基础上，给出成语分析，把意思相近的成语放在一起比较、分析。另外，在"运用恰当的成语写一段话"一题中，将成语运用恰当，语言流畅、生动的学生作业以图片的方式附在题后。学生能互相学习借鉴，对做出展示的同学也是一种激励。

(三) 复批落实

讲评的效果如何，最终要通过复批落实。学生在听完或看完讲评后，不仅能及时私信给老师发送改错内容，很多同学还积极做笔记，有一些同学还专门设置了语文学科的学习笔记本。这些形式相互配合，让讲评能真正为学生服务，也让学生在互相借鉴、欣赏中更有学习的主动性。

疫情期间的居家线上学习给教师、学生和家长都带来了很大的挑战，也让我们重新思考自己的教师角色，重新给自己定位。当学习不再发生在物理意义上的课堂中，教师也应该转变自己的角色。把自己单纯定义为一个教育工作者已经不能解决目前所面临的问题，教师更应是一个服务者、一个激励者、一个同步学习者。我们有义务、有责任通过科学的方法在良莠不齐的网络资源中汲取真正对学生有益的资源，以服务者的心态安抚焦虑的家长和学生，要能在不断地调整和学习中用更有效、更恰当的方式激发学生的内驱力。每个学生能在这段特殊的日子里有成长、有收获，是所有一线教育工作者的共同目标。让我们一起等风过，盼春来！

基于小程序视频功能助力学生自主学习的支持策略研究

北京市海淀区中关村第三小学　乔芳

一、问题的提出

新冠疫情来势汹汹，学生们也"被迫"转为线上学习——学生上网课，之后通过微信小程序交作业。一方面，学生主要是自主学习模式，不同学生本身就存在一定的水平差异，学习中可能会遇到一定的困难。另一方面，虽然视频课都是经过专家和优秀教师反复打磨的优秀作品，但由于空间和时间的限制，学生亲自动手操作很难实现，生生互动也基本变成看别的学生互动，这时候，学生不可避免地会遇到学习的"卡点"。那么，如何为学生提供学习支持，借助优秀的网课资源帮助学生解决自主学习中遇到的"卡点"呢？如何让生生互动在线上学习期间成为可能？怎样才能为学生提供一个可交流、可展示、可互动的平台，让讲解的方式更贴近学生，便于学生理解呢？

于是，基于小程序的视频功能，我们开展了线上"小老师"活动。主要是为学生搭建一个可交流、可展示、可互动的平台，让学生用自己的方式呈现学习"卡点"的思考过程，录制视频，借助小程序发布。学生在突破自我的同时，为同伴提供学习支持并促成线上学习中的生生互动。平台好搭建，可是怎样让"小老师们"活跃起来，让学生互动起来？这成了摆在我面前的又一个难题。通过一段时间的尝试和探索，我总结出了几条基于小程序视频功能助力学生自主学习的支持策略。

二、助力学生自主学习的支持策略

通常情况下，教师会提前一周发布需要讲解的主题内容，学生自愿报名。每次主题内容一经公布，就被学生"秒光"。据统计，我所带的两个班累计33人次参加了"小老师"活动。

开展这个活动，需要我们先明晰师生共同努力的方向。第一，从学生的视角看数学，珍视学生的声音。以往，当学生遇到学习中的"卡点"，教师会结合自己丰富的经验答疑解惑，但这主要还是从教师的视角出发，和学生的认知难免会有一定差距。"小老师"则不同，他们的理解水平、表达方式等更贴近同伴。这个活动真正实现了以学生为中心，以学生为主体。第二，用贴近同伴理解的方式去表达。在"小老师"的准备过程中，我们一直在思考，借助哪些资源展示能更加形象、直观，怎样表达能让核心知识和问题深入浅出地便于学生理解。我发现，当我们给予"小老师们"更多的尊重和信任时，他们会给我们很多惊喜。

这个活动从一开始的"无人问津"到最后一经发布就被"秒光"，"小老师"的视频也慢慢成为学生居家自主学习的鼎力"助手"。回顾整个活动开展过程，我梳理和总结出以下几种助力学生自主学习的支持策略。

(一)从"无人问津"到"秒光"，让人人都有参与的机会和可能

线上"小老师"活动伊始就遭遇了"滑铁卢"。因为学生之前没有接触过类似的活动，把"小老师"想象得很难做，不敢贸然报名。作为教师，我做了一些"幕后"准备，慢慢打消学生心中的犹豫和担心。

首先，线上答疑时，找"托儿"示范。利用每周五的线上答疑活动，我邀请班里的学生A做了一个示范。她讲解的是"信封遮住的角"这个内容。不到2分钟的视频里，学生A用自己剪的三角形和信封，像变魔术一样让同学们注意到了信封里面的不同。材料源于生活、易操作、讲解形式活泼有趣，一下子打消了学生心中的畏难情绪。

其次，肯定和表扬积极主动的学生。经过第一次答疑的示范，有学生想尝试讲解。于是，我前期和他们进行了充分的沟通交流，尽量使讲解的内容贴近学生。之后，安排他们在线上答疑时展示，充分肯定和表扬他们的精心

准备和积极争取精神。这时，有一部分学生开始"心动"了。

最后，主动出击，请"害羞的牛娃"帮忙。经过前期的示范和预热，大部分学生跃跃欲试。但是，仍然有害羞的学生，一直不敢挑战自己。于是，我主动出击，请班里能力强但比较害羞的学生帮忙。这时，"害羞的牛娃们"慢慢加入其中。

经过多次的努力和尝试，"小老师"活动火爆起来，每次主题一经发布，立刻被学生"秒光"。但是，我们还会坚持一个原则：未参加过的学生优先。如果同时有两个及以上学生报名同一个内容，我会优先给未参加过的学生。这样，让人人都有参与的机会和可能。

（二）读懂学生的"原创"精彩，助力"学习型小老师"

当"小老师们"踊跃上线时，学生对于讲解内容有充分的选择权和决定权，教师需要做的就是尊重和信任学生，努力去尝试读懂学生的想法。我惊喜地发现，学生在活动中给我们带来很多意想不到的"原创"精彩。他们发明了各种讲解"神器"：画图、动手操作、多种方法、规律总结……教师一方面需要为学生提供丰富的学习资源，助力学生成为"学习型小老师"，录视频之前用大部分时间学习和做准备；另一方面，教师适当地提供建议和补充，为学生的作品锦上添花。

"圆片中的规律"是"方程"这一单元的内容。一般情况下，常用的讲解方法是列表，但是这个方法相对抽象、难理解。学生B发明了贴圆片的方法，左边蓝色的圆片对应着层数，右边红色的圆片是层数与圆片数之间的关系。在一层一层地贴圆片中，这个规律被形象、直观地呈现出来。当时，这个方法让我惊喜不已，但同时我也注意到，学生B呈现两个例题的顺序根据难易程度调整一下比较好，于是我给了她建议。在欣赏"原创"的前提下，适当地提供意见参考，很快我就收到了学生B精彩的作品。

"乘数的小数位数和积的小数位数之间的关系"这部分内容，教材上用表格的方式呈现。学生C创意地"发明"了一个小符号——"→"。用箭头的方向表示小数点移动的方向，箭头上面的数字代表小数点朝这个方向移动了几位。如果一个乘数的小数点向左移动，而另一个乘数的小数点向右移动，怎么办？学生C在讲解中专门提到这个问题，他用"抵消"来解释，同学们纷纷表示赞同。

（三）提供小技巧+小工具，做学生和家长的"智囊"

当"小老师"能自主地思考和准备视频时，教师慢慢变成学生和家长的"小助手""军师"或"智囊"，适时地提供一些小技巧或小工具，提供学习支持。

比如，学生和家长经常会遇到一个问题：用手机录视频，画面抖怎么办？我赶紧分享自己的实践经验：可以把手机放在盒子上固定，手扶着调整焦距就可以保证画面稳定了。有一次学生D要讲解"观察物体"的相关内容，可是不巧，他家里没有小正方体，网购的材料也没到货，怎么办？家长着急地打来电话。这时，我建议可以巧用家里的资源，比如将土豆、胡萝卜等切成正方体形状。家长直呼："您太智慧了！"学生E要讲"用一条线段把四边形分割成两个梯形"问题，讲解中她画了好几条线段，但是对于无数条线段怎么"画"她有点犯难了。这时，我建议她可以找家里的牙签，用牙签的移动帮助同学们想象这样的线段有无数条。

（四）挖掘"技术高手"，发挥家长后援团的力量

提供这些教学的小技巧和小工具对于教师来说不是难事，但有时遇到"技术难题"，我们就需要挖掘家长中的"技术高手"。比如，视频长度超过5分钟就没办法发微信，无法分享到小程序里，这时学生B的妈妈解决了这个技术难题。于是，她就给其他家长做技术支持。因此，在"小老师"活动中，家长是最重要的后援团力量。

三、"小老师"成果展示

从线上"小老师们"录制的视频中，我们发现，为了帮助同伴更好地厘清认识上的误区，理解思维的难点，突破学习"卡点"，"小老师们"提供了丰富多样的学习支持。通过梳理，"小老师们"提供的"神器"主要包括以下几种。

（一）动手操作，形象直观

这个年龄段的学生还处于"具象思维阶段"，他们对自己见到、摸到、嗅到和听到的事物感兴趣，能够留下深刻的印象。他们的抽象概括能力比较弱，对于抽象概念的理解需要借助对直观事物的了解。"小老师"挖掘家里的各种"教学资源"：土豆块、牙签、信封、小圆片……借助这些操作资源，让问题更加形象、直观。

"观察物体"这部分有大量的立体图形与平面图形相互转化的内容。仅凭眼睛看图，学生很难想象出其他角度的形状。学生 D 把家里的土豆切成小正方体，直观呈现同一立体图形的正面、上面和侧面的形状，带领同伴一起观察、想象、分析和推理判断。

"用一条线段把一个平行四边形分成两个梯形，有多少种分法？"这个问题，需要发挥学生的想象力和推理能力。学生 E 在讲解中先在图上画了一条线段，之后借助牙签的移动帮助同伴进行想象和推理，这样的线段可以有无数条。

"信封遮住的角"这部分内容对于学生来说是易错点，他们看到一个锐角，就断定这肯定是一个锐角三角形。学生 A 像变魔术一样，从这个信封里拿出了包含同样一个锐角的三个不同的三角形，同学们恍然大悟。

（二）巧妙表达，深入浅出

在小学数学中，"图形与几何"领域比较容易找到一些操作资源。但是，在"数与代数"领域中，如何通过巧妙地表达，让深奥难懂的规律和问题易于同伴们理解？"小老师们"也进行了一些创意表达，让知识和问题深入浅出。

"小数乘法中乘数和积的小数位数之间的关系"这部分内容属于"数与代数"领域，计算相对比较抽象。那如何让乘数和积的小数位数变化更加直观呢？学生 C 借助"发明"的"→"形象、直观地进行了讲解。于是，这个特别难理解的问题一下子就被同学们理解和掌握了。

同样的难题，另一位学生也在讲解估算问题中遇到。他也想到了用小箭头来进行估算，一下子就找到了问题所在。

(三) DIY "贴士"，储备知识方法

在"方程"单元，"用字母表示数"注意事项多，"解方程"和"用方程解决问题"的步骤比较烦琐，学生容易"丢三落四"。如何帮助同学了解到这些问题呢？"小老师们"贴心地为大家准备了知识和方法"贴士"，在做题之前先储备"知识和方法"等技能，再去"实战"。比如，学生 Y 把字母和数字相乘时的注意事项制作成"贴士"；学生 W 和学生 Z 详细地呈现解方程和用方程解决问题的步骤和注意事项，贴心提醒粗心马虎的同伴注意。

(四) 多种方法，归类提升

通过视频，我们也发现，"小老师们"会分享多种方法，为同伴提供多样选择。比如，学生 S 分享的是线段图和计算方法，学生 DH 分享的是扩倍缩倍和积与乘数的关系等。我们还注意到，"小老师们"特别善于总结这一类问题的规律、方法和解题技巧。

四、总结与反思

居家学习期间，互联网尤其是即时通信技术使得师生的沟通打破了空间、时间的限制。作为教师，我们要不断学习，探索"互联网+教育"如何更好助力学生的居家自主学习，最终实现学生的自主学习，突破学习卡点，提升学生的数学素养。

这个活动提高了学生的学习兴趣，学生由被动接受到主动参与，由灌输答案到自主学习、自主制作视频。此外，从学生的视角为学生提供学习支持，我们发现，"小老师"提供的支持策略丰富多彩，便于同伴理解和接受，富有创意。线上"小老师"活动主要源于学生，服务于学生。观看视频的其他学生借助同伴贴心细致地讲解，突破了学习中的"卡点"。同样，准备视频的"小老师们"在这个过程中也收获很多。

通过学生和家长的分享，我们也看到了这个活动的隐性价值，每一个视频背后还有一位鼎力支持的家长。这个活动也构建了家校共同体，学校和家庭共同助力和见证学生的多样成长。

下篇

学校管理变革

疫情防控背景下学校创新管理的实践与思考

北京市朝阳区白家庄小学　祖雪媛　李瑞霞

2020年2月，面对突如其来的新冠疫情，为有效贯彻落实党中央和市区防控新冠疫情的各项工作指示和要求，确保延期开学期间师生的生命安全和身体健康，全面做好学生在家学习的支持保障工作，白家庄小学严格落实上级领导部门的相关文件精神，采用"思想凝聚，问题驱动，学术引领，骨干示范"的管理策略，把疫情防控变成课程和教材，通过开展"停课不停学、停课不停研、停课不停团、停课不停创"等系列活动，五育并举，共促师生身心健康，生长自我，在特殊时期实现人人有收获、人人有发展，让每一个生命都绽放精彩。

一、主要经验做法与成效

（一）成立组织机构，建立专项工作体系

学校成立了以校长、书记为组长，集团和各校区常务主管为主要成员的学校领导小组。下设工作小组、宣传维稳组、疫情防控报告组和保障小组，细化工作职责，压紧压实责任。学校先后制定了《白家庄小学延期开学期间教育教学工作管理方案》《白家庄小学疫情防控工作方案》等系列工作方案，把全力做好新冠疫情防控工作作为当前一项头等大事来抓，以师生健康为中心，坚决把病毒防在校外，坚决阻止疫情在师生中传播，确保工作体系完备、底数清晰、措施严格、反应迅速。

（二）科学制定预案，筑牢校园安全防线

为有效应对新冠疫情，提高应对处置疫情突发事件的能力，进一步健全

学校疫情防控应急机制和各项应急工作预案,确保师生生命安全,严格落实疫情防控各项要求,坚持"疫情就是命令,24 小时待命,随时高效处理问题"的工作模式,加强对驻守学校保安、物业人员培训,利用隔层调研、时时信息反馈等方式抓落实,确保封闭管理措施到位,不出现任何安全问题。学校的总务团队克服困难,积极联系购买防疫物资共 13 批次,金额达 17 万元,确保了物资供应,保证了疫情期间校园正常的防护、消毒及临时性工作使用,为筑牢校园安全防线奠定了坚实的基础。此外,总务团队先后进行了以"夯实内功,系统学习,专业发展"为主题的系列教研活动,有效提升了特殊时期的业务水平,并结合疫情防控需求,提前研读《试开学准备标准》,层层分解指标,责任到人,提前进行规划,统一制定各项制度。校区结合疫情要求设计流程图,思考在前,准备在先,确保接到复课指令后能够从容应对。

(三)加强闭环管理,确保上报数据零失误

针对特殊时期的海量数据报表,从电子报表到数据平台的云上报备,从国内师生情况统计到境外师生监控,从早晨 7 点到凌晨 2 点……为确保每一次数据精准上报,针对集团校址多、人员多、情况复杂的现状,数据上报前期,学校上午报表,下午针对问题召开视频会。德育团队一天一小结,统一标准和要求,减少问题出现。数据上报中期,针对校区仍然存在的家长瞒报情况,学校采用案例剖析的形式,组织干部加强管理,针对案例分享管理经验,取长补短,查缺补漏。在学校疫情数据上报的 105 天里,七个校区5000 余人做到了及时精准、按时上报、零失误。

(四)理念凝聚队伍,学术引领促进自主发展

为落实北京市春季学期教学工作要求,在祖雪媛校长的带领下,学校发挥学术引领、骨干示范的力量,"停课不停学、停课不停研",通过横纵向贯通,以问题驱动的方式开展研讨活动。校长率队横向贯通,各校区主管带领校区干部纵向把关,将核心素养和课程目标落实在每个单元教学中。其中,每个学科均有一名跨校区的负责人,每周都以年级为单位开展横向(集团)、纵向(校区)两次云教研活动,各年级以学科核心素养为引领,以线上、线

下学习单为切入点,让课程标准在每周教学内容中落地、落实;在教研中研究单元(周)学习的总目标;研究单元(周)总目标在每节课、每道例题中落地的点位目标和达成目标的方法等。通过不断创新教与学模式,结合实际出台"一校一方案""一班一课表""一生一学习单",把整个疫情生活变成了生动的"空中课堂"。而且疫情期间,通过学术引领,我校教师共提交20个市规划一般课题,19个市规划青年专项课题,32个综合评价案例,38项首都资源申报,真正有效地促进了教师的专业发展和学生的自主发展。

(五)强化舆论引导,传递战"疫"信心和力量

学校严格执行上级和学校疫情防控部署方案,充分利用学校官网、公众号等渠道,积极宣传国家防疫政策,普及防控抗疫知识,弘扬典型人物和感人事迹,如《做好防控,万众一心》《致敬英雄》《战"疫"时刻,向身边最美的榜样致敬》《疫情防控,生长自我》《拿上老师的信,开启新一阶段的居家学习》《以"疫"抗疫,以美育心》等,通过正确的舆论引导,营造抗疫必胜的良好氛围。同时,学校信息部也积极运用网络信息技术,倡导全体教师利用自媒体进行宣传,指导帮助教师线上教研,指导家长和学生做好防控和居家学习,通过搭建网上艺术馆,分别开展了抗疫美术作品展、抗疫书法展和作文展,累计观看163045人次,为"停课不停学、停课不停研"保驾护航。这段时间,全体教师发布美篇974篇,做到了防控疫情人人有责。我校公众号共发文32篇,累计阅读量105141次。

二、工作特色与亮点

(一)人人有收获、人人有发展,让每一个生命都绽放精彩

疫情期间,当延期开学和居家学习变成了现实后,学校不断创新教学模式,为学生提供灵活多样的学习方式和丰富多彩的学习内容。于是,黑板变成了屏幕,讲台变成了电脑桌,教室变成了"云端",教师也变成了"主播"……隔空授课、隔屏互动成了线上教学的新模式。通过开展"防控疫情,生长自我"的系列活动和星级学生评价活动,激发学生学习的兴趣和主动性,帮助每一个学生实现自我超越,实现了特殊时期人人都有收获、人人

都有发展，让每一个生命都绽放精彩。

为了学生能健康、快乐地成长，提高每个学生每天的学习效率，教师们也对腾讯会议、班级钉钉、线上直播、TV 录屏、学生学习单、班级小管家等网络软件和教育手段不断进行更新、学习和应用。仅以三年级为例，各学科的教师在市、区级资源的基础上，针对不同需求的学生录制了近 200 节微课，其中，语文 27 节，数学 40 节，英语 110 节，为的就是让每一个学生在疫情期间也能享有公平、有质量的教育。学校涌现出了李颖、胡艳霞、常震玲、徐小青、陈铁苹、吕睿等一大批优秀党员和教师先行的榜样人物和感人事迹，她们既在用自己的实际行动进行抗疫奉献，也在用党员示范、骨干先行的榜样力量实现了个人的不断超越和专业发展。

（二）"停课不停团""停课不停创"，让每一个生命都迸发新的活力

作为朝阳区唯——所拥有北京市金帆合唱团、北京市金鹏科技团、北京市金帆书画院的小学，在防控抗疫的日子里，学校通过开展"停课不停团"和"丰富多彩、童心童趣"的社团活动，教师们隔空不隔导，学生们隔空不隔练，在居家学习的日子里也拥抱了另一片快乐、自由的天空，促进学生的个性和特长发展，让学生的身心在特殊时期均得到最大程度的发展。

目前，学校网上有合唱、小足球、绘画、科技等 81 个学生社团，云合唱、云画展、线上音乐会、线上运动会精彩纷呈。其中，校区全员参与云运动会，进行跳绳与仰卧起坐大比拼，角逐出 14 个优胜班集体和 132 位运动小健将和运动小达人。《感恩的心》、*A little love*、《天使妈妈》云合唱跨越时空限制，用优美歌声传递抗疫激情，传递爱与感恩。学校云画展分七个分馆，展出学生抗疫绘画作品，访问十万余次。科技社团组织四次市区级比赛，在教师的指导下进行科技小实验和展示百余人次。同时，学校推出了 26 个"停课不停创"的跨学科主题课程，在全员参与、全面推进的基础上，特别是"亦敌亦友微生物""低碳生活我能行"紧扣疫情时事，贴近学生实际生活，凸显课程融合设计的学科本质逻辑，促进每一个生命不断生长自我，不断迸发新的生机与活力。

（三）关注家校和谐，融洽亲子关系，让"尊重"理念成为家庭教育的温情底色

居家学习的特殊方式，给学校和家庭带来了挑战与困难，也给家长提供了一个建立亲子关系，全面了解孩子学习、沟通等习惯和能力的机会。一直以来，学校都将学生的身心健康发展放在首位，家校携手，多措并举，做好特殊时期学生的心理防护工作。通过引导家庭制定"友善沟通家庭公约"，让尊重文化走进每一个家庭。通过成立"居家学习家庭教育智囊团"，采用网上答疑、电话指导等多种方式，有效解决家长在特殊时期遇到的问题与困惑。通过开展"网络家访"活动，正副班主任和每一个学生（家庭）云上沟通，传递来自学校的温暖与关爱。通过 PTA 远程实习平台和 PTA 群，开展"云上家长学校"活动，积极推送关于家庭教育指导的学习资源（文章、视频等），提升特殊时期家长的家庭教育能力，携手为孩子的健康成长助力，让"尊重"成为家庭教育中一片温润、温暖、温情的底色！

三、存在的主要问题与思考

在学校"尊重"理念的引领与浸润下，上至校长、书记，下至教师、学生，学校每个人都在用自己的言行诠释着教育的情怀与守护，有态度、有高度、有温度……努力做到了"育人"与"战'疫'"同行。

在学校全体教职工齐心协力和共同努力下，我们的防控抗疫工作取得了显著的成效。但是，也存在一些困难和问题，比如，在学校管理层面，如何有效帮助特需学生跟上学习的进度和步伐，如何有效指导特需学生和特殊家庭的教育等，这些依然是学校管理中的短板问题。在教师层面，对于一些家庭教育能力比较低，尚未形成良好自主学习习惯的学生，教师在线辅导和答疑的时间较长，有的还需要确定好时间段，固定时间视频陪同并指导学生完成语、数、英各项作业。

因此，基于疫情时期学校在管理方面暴露出的一些"短板"问题，更需要我们在总结反思的基础上持续探索，通过高占位、系统化的思维方式，逐步建构"学校危机反应处置与管理体系"，以发挥出更有温度、更加精准、更有品质的效能，为每一个学生提供公平而有质量的教育！

疫情防控与学校后勤管理机制的探索

北京市东城区史家胡同小学　李大明

2020年春节，新冠疫情突然来袭，打破了祥和、喜乐的节庆氛围。面对疫情的严峻形势，学校党支部认真学习贯彻习近平总书记关于坚决打赢疫情防控阻击战的重要指示精神，贯彻落实教育系统加强疫情防控工作视频会议精神，深入研究学校加强疫情防控工作措施。在疫情防控的阻击战中，史家教育集团在国家和政府的统一部署下，坚决落实"严防扩散、严防暴发，确保一方净土、确保生命安全"，为全校师生编织了一道严密的安全防护网。随着国内疫情得到有效控制，开学在即，学生返校带来的防疫压力给学校常规的后勤管理带来巨大挑战。学校人员密集，学生年龄小，自我管理能力不足，如何进一步确保学生的安全呢？集团后勤管理部门回顾和总结前期经验，并在此基础上升级学校后勤智能管理，探索学校后勤管理机制变革，用精细管理守护全校师生的安全与健康。

一、校园后勤保障工作面临的挑战

（一）学生复学期间的后勤保障工作

2020年，虽然全国疫情防控取得了决定性胜利，但境外输入的压力还在持续增加，零星散发和局部聚集性病例的出现，以及无症状感染者和众多不确定因素，特别是学校开学以后，不可预期的人员流动，包括师生家人的流动，以及人员聚集活动，给开学工作和疫情防控工作带来了更加严峻的挑战。复学后，由于用餐与教学等刚性需求，返校教职员工、学生和服务学校的社会企业员工将在食堂和教室等人员密集场所发生近距离接触，如果不加以防范，被感染的几率可能会显著增加。如何在学校疫情防控系统可靠运行的前提下，保障全体教职工基本的学习生活和工作条件，是学校后勤保障工作面临的艰巨任务。

（二）学生返校后的疫情防控

在前一阶段，学校疫情防控系统已度过艰难的磨合期，防控工作将从重点布控和严密防守转向长期、持续的系统性运转，校园疫情防控逐步成为学校重点关注的常态化工作。与此同时，校园设施维修、水电系统维护、学生上下学调整和校园环境绿化等后勤保障的系统性工作也将逐步恢复。如何在保证业务正常开展的同时，构建线上服务闭环，完善应急处置体系，提升后勤保障内部条块与校内其他部门的协同，最大限度地降低疫情输入与扩散风险，是学校后勤保障团队面临的另一项挑战。

二、校园后勤保障工作的特点

随着学校后勤社会化改革的不断深入推进，小而全、封闭式的传统后勤管理模式发生了明显改变，高校后勤市场日益开放，社会企业服务的信息化、专业化水平不断提升，学校后勤服务的保障特征发生了显著变化。

（一）业务覆盖面广

随着大后勤理念不断被众多学校接受，学校后勤保障工作覆盖的业务日益扩展，涉及餐饮、物业、绿化、宿舍管理、维修、水电运行和医疗等众多领域。由此而延伸的安全领域覆盖面同样广泛，涉及食品安全、公共卫生安全、消防安全、施工安全、水电安全、特种设备安全、医疗安全、交通安全和减灾安全等众多方面，范围非常广泛。从物理空间而言，业务范围覆盖校园的全部场所，并且分散在校园的各个区域。从服务对象而言，后勤工作面对的是全体师生，要对他们的日常工作、学习和生活的方方面面提供保障服务。

（二）工作人员构成复杂

学校进行后勤社会化改革以来，后勤队伍结构发生了较大变化，现有人员包括在编员工、人事代理人员、外聘人员、临时工以及参与后勤保障服务的社会企业人员等，其中，社会企业人员和"非在编"人员已经成为后勤服务的主力军。人员构成成分复杂。

（三）专业技能要求较高

学校后勤保障的医疗、水电、驾驶、餐饮、土建、维修和绿化等工作，均需要掌握专门技术和了解行业发展态势的专业人才。是否配备了经验丰富的专业技术人才，是否建立了职业化、专业化的工作团队，将直接影响后勤保障的服务质量。

三、学校后勤保障中的重点工作

学校后勤保障工作的特点是点多、线长、面广，这也就决定了其疫情防控风险高、任务重、压力大。面对挑战，学校后勤保障工作应根据自身特点，精准识别重点区域、重点人群、难点和关键环节，正确分析，避免将矛盾复杂化，协同校内和社会有关部门，充分发挥联防联控的机制优势，提高保障能力，提升服务水平，全面降低疫情防控风险。

（一）多措并举，加强社会企业人员管理

打赢疫情防控阻击战，落实校园"防输入、防扩散"任务，"人"是第一个因素。加强对引入的社会企业人员的管理，是后勤保障部门切实做好疫情源头防控的重点。以后，后勤保障部门要在加强后勤人员精准排查、准确掌握返校行程、实行每日健康监测等防控措施基础上，进一步压实引入的社会企业的主体责任，督促他们通过多层次、全方位的培训，落实对员工个人防护、健康状况监测、返校行程管理以及疫情防控预案的教育；要求他们制定针对具体服务内容的疫情防控应急预案，确保紧急事件发生后，响应能及时，人员能到位，物资有保障。

（二）强化监管，夯实疫情防控保障体系

学生返校后，班级、专业教室、食堂、卫生间等都会成为人员密集的高风险场所，是疫情防控的重中之重。学校后勤要加强对食堂和教学楼各个环

节的监管，严格排查防控风险，细化防控流程，夯实疫情防控保障体系。食堂方面，在继续做好食材采购、配送、存储、加工及销售各环节食品安全工作的基础上，还需在从业人员防护、食品销售管理、学生购餐秩序管理和食堂环境卫生保障等关键环节进一步加强管控。教学楼方面，在继续做好日常管理服务的基础上，还需在从业人员防护、环境保障、健康教育等关键环节进一步加强管控。

（三）打造信息后勤，构建线上服务闭环

信息化是实现后勤保障工作专业化、精细化的必由之路。由于传统观念的影响，学校后勤的信息化建设普遍滞后于学校的整体发展。后疫情时期的防控任务对学校后勤信息化建设提出了更高的要求。为降低疫情防控风险，减少人员流动和不必要的集中，后勤各类办事窗口和服务中心应尽量转为线上服务模式。

学校后勤将继续通过钉钉智慧报修，减少线下人员流动，实现系统派单及时响应，完工评价有效反馈，助力维修质量提升；加强门卫登记，尝试开发扫码登记，对来访数据进行合理采集与有效整理，避免无权限人员进入指定区域，可实现对涉疫人员行程的准确追溯，提升疫情防控效率。在此基础上，进一步将分散的信息技术平台进行整合，形成完备的后勤保障服务信息化链条，为广大师生提供更加便利和个性化的服务。

（四）强化预案演练，完善应急处置体系

安全责任重于泰山，安全管理工作是学校后勤保障的生命线，更是一项持续而复杂的系统工程。后疫情时期，后勤保障部门应进一步强化对各类应急预案的学习、培训和演练。通过强化医疗防治、餐饮安全和水电抢修等各类应急预案的学习及培训，确保每位职工都能熟练掌握预案的详细内容。通过预案演练，全面检验现有工作措施，进一步打通堵点，补上断点，有效提升应对突发事件的能力。学校后勤要加快完善与疫情防控相适应的后勤保障应急处置体系，统筹推进疫情防控和后勤保障服务，切实提升安全管理的科学化水平，全力消除疫情带来的各种隐患。

（五）发挥"内""外"两个协同效应，共同应对挑战

学校后勤在为师生提供服务保障的同时，还发挥着"管理育人、服务育人、环境育人"的作用。学校后勤保障服务功能和育人作用的充分发挥，依赖学校后勤内部各业务条块的协同配合，也依赖校内其他职能部门的协同配合。后疫情时期，疫情防控各项制度与方案的落实，更有赖于"内""外"两个协同效应的发挥。要以工作例会、研讨会等沟通形式发现保障漏洞和服务断点，通过进一步完善规章制度，堵漏洞，补断点，采取"一站式服务、一条龙保障"的运行模式，充分发挥后勤内部的协同效应。还要将为教育教学提供服务和资源配置的多个部门纳入后勤保障服务"核心协同体"，制定协同工作机制，形成部门间协作、互信、互助的工作局面，充分发挥后勤与外部的协同效应。

相信，后勤管理部门一定能够按照复学复课的有关要求，结合学校实际情况，细化实化防控工作方案和应急处置预案。强化校园管理，严格落实"六个一律"工作要求，对进出校园所有人员做好检查登记、体温监测和车辆消毒，确保不漏一车一人。全面部署，确保疫情防控有力有序；精准执行，落实疫情防控"四方责任"；多措并举，做好史家师生坚实后盾！

疫情中成长：把学校变大的云探索

北京市海淀区中关村第三小学　刘成成

2020年春节期间突如其来的疫情，不仅让武汉按下了"暂停键"，也让学校和学生的开学计划被延期。前方白衣执甲，无数医护人员、各行各业逆行者们的舍生守护，为学生撑起一方书桌的宁静。商业、交通可以暂停，但是学生的成长与学习不能暂停。

面对疫情考验，如何让彼此隔离在家的师生们坚持"停课不停学"，如何让飘在云端的"空中课堂"扎实落地，如何让家长们更好地面对"小神兽"……当这些问题接踵而至，看似简单的由"下"而"上"，却如一张考卷，考验学校面对疫情的应变组织能力，考验教师从三尺讲台到直播平台的转型，还考验一所学校是否能快速应用信息技术，打破校园围墙，在云端扩展教育半径、关联教育共同体。网络教育的新技术、新方法、新渠道、新方式怎样与学校教育更好融合呢？在疫情中成长、生长的不仅有学生，还有一所学校的云探索，探索如何把学校变大。

一、学校如何"云"起来

随着疫情的发展，教育部第一时间下发"停课不停学"的相关通知，搭建云课堂，让学生在家也能开展学习。随后，学校积极响应，许多仍在假期中的老师积极投入到教育部和市、区教育部门的网课录制中。

从线下到线上，课程内容可以放到网上，但学校无法整体"搬家"到云端。

网课虽然便捷，却面临着诸多问题，如师生不在同一个时空，互动、反馈无法及时实现；小学生缺乏成年人自主学习的能力，如何保证学习效果等。

针对居家学习可能出现的问题，学校课程部经过反复研讨和论证，2020年1月22日到2月15日，经过开发，"魔法平台"网站火速上线，开辟了包含"学科学习空间""运动健康空间""自主学习空间""项目学习空间""大家交流空间"和"亲子互动空间"等六大空间。

"魔法平台"不仅汇聚了学校内部优质的师资力量，在"真实的学习"教育理念的引领下，推出"我不是食物""最美逆行者"等项目学习。同时，通过平台，学生还能链接到教育部和北京市教委组织录制的全市优质网课。教育资源丰富多样，为居家学习的学生提供课程安排参考，并鼓励每个学生制定属于自己的个性化课表，实现私人订制式居家学习。

除了教育教学资源，"魔法平台"还为师生、生生提供了在线交流互动的空间，解决了线上教学缺乏互动、互动不及时等问题。在"大家交流空间"里，学生可以线上提问，可以是学习中遇到的问题，也可以是生活中的问题、困惑与苦恼等。在延期开学期间，"魔法平台"上总共有上千个"脑洞大开"的问题，涵盖了科学、文学、数学等学科，还有亲子话题的小烦恼等。

学校除了以教育资源为主的"魔法平台"，还汇聚了包含学校公众号、"安心小站"家校微信群、媒体平台名师直播等线上教育矩阵，共同打造"大家三小"[①]云学校。

学校公众号是消息树，也是引领标，在每个重要节点，第一时间发布学校疫情安全部署、课程安排等；展现特殊时期"大家三小"师生精神面貌，传递时代精神和学校的教育理念。"安心小站"家校微信群是由学生部联合学校优秀、资深教师，面向家长定期开展教育话题探讨、名师直播、家校互动的微信群，帮助家长更好地对学生进行居家学习指导。在疫情期间，学校多位名师接受各大教育媒体邀请，参加在线教育直播，教育主题多样且专业，传递科学、正确的教育理念，分享居家学习妙招和教育经验。

---

① 中关村第三小学又名"大家三小"。

二、云发声，上好抗疫这堂人生大课

（一）第一时间发声，吹响安全警报

疫情暴发后，1月22日，《孩子们，不要乱跑啊！》从学校公众号上发出，提醒"大家三小"的家长和学生要宅在家里，降低病毒感染风险。该公众号就像消息树，最早发出危险预警、做好防护的呼声，许多家长纷纷在后台留言，将做好对孩子的保护，尽量让孩子留在家中。

学校公众号作为校园信息发布的权威出口，是云学校的重要呈现方式。疫情初期，公众号及时发布了一封与疫情有关的致家人们的信，让师生、家长在第一时间清楚地了解学校防控部署的相关工作。

（二）面向真实的世界展开真实的学习

真实的学习一直是中关村第三小学的课程目标，即让学生面向真实的世界，获得真实的知识和技能。2月2日，刘可钦校长写给学生的一封信——《孩子们，校长来信了》一经发布，点击量和转载率创新高，短期内就达到2.2万人次的阅读量。许多学生在家流着眼泪读完了刘校长的信，他们在信中读懂了来自学校和老师们的关心，读懂了疫情的严峻，读懂了自己要和家长一起上好这节防疫生活大课。

随着武汉封城、全国医务人员赶赴湖北，人们对抗疫大战从最初的担忧逐渐到有序、有节地进行。在每个重要节点，学校都及时通过公众号进行引导。

（三）心怀家国，上好防疫大课

疫情是一节生动的大课，我们可以从中学到什么呢？许多学生在家开展的项目学习"我不是食物"，对人与野生动物的关系、病毒传播、疾病预防展开了研究。此外，抗疫的过程中，涌现出来的各种逆行者和身边的榜样，他们的牺牲精神与感人事迹让学生十分钦佩，成为学习的楷模，学生将这些"最美逆行者"写进他们的研究报告、作文和手抄报中。

(四)串联"孤岛",开展云端分享

学生居家期间,只能通过电子设备和老师、同学联系。但是,通过学校公众号发布的信息,学生可以第一时间了解其他同学的学习情况、分享自己的作品,清楚地看到疫情期间自己的成长轨迹。这让学生原本独自居家学习的"孤岛"状态,串联成一个大的线上学习社群,第一时间在云端进行分享。

比如,《云端项目学习,唤醒宅家学习小宇宙》文章的发出,聚焦学校"魔法平台"上学生的项目学习成果,每个年级挑选好的项目成果,从四个角度展现学生在家的学习成果。此外,学校宣传处还开展了系列特别策划,"笔尖的力量""榜样的力量:战'疫'一线,有我仰望的背影""我把爸爸妈妈借给你们,记得要还哦!"等话题,从学生的日记、手抄报、学习成果、学习视频中选出代表作品进行线上展示,让老师和同学们看到彼此的学习状态和学习效果。

疫情期间的学习,无论是教师还是学生,无论是线下自主学习还是线上网络学习,我们都坚持将疫情作为一节人生必修课。

6月7日晚,四年级到六年级的学生返校前夕,学校通过公众号、班级腾讯会议,9000余名学生和家长、教师同上一节人生大课《我家·邻家——"人类命运共同体"》,让教育共同体携手帮助学生,更好地探索和理解这个世界,以及此次全球性疫情中,中国负责任、有担当、重情义的大国形象。

三、云成长,把危机当成突破自我的机遇

无论"空中课堂"建设得多么精美,无论教师们的微信提醒多么频繁,无论家长们如何督促,学生需要面对的挑战仍是如何能更好地进行自主性学习,如何安排好时间进行有效的学习。为此,云学校能做什么呢?

(一)云学习是需要学习的

在"大家三小"中,刘可钦校长一直强调,学习是需要学习的。学习作为一种能力,并不是与生俱来的,而是需要帮助学生习得和掌握。居家学习期间,云学习更是一次锻炼学生自主学习、提升自律精神的大考验。那么,

学校和教师该如何帮助学生呢?

大小孩子共同成长,激励学生线上共享。学校的"魔法平台"开辟了作业展示区,学生可以将自己朗诵、写作的学习成果提交到平台上,教师会第一时间给予反馈。这样,大小孩子、各个年级的学生都可以在平台上看到其他人的学习成果,这样既是一种成果展示,也是一种交流,学生可以欣赏其他人的内容,相互借鉴和学习,实现共同成长。

家校合力,引导学生实现自主学习。学生在居家学习期间与家长朝夕相处,家长代替以往学校教师的责任,需要帮助学生规划好学习时间和内容。但是,长时间的居家生活导致学生情绪低沉,"小神兽"很容易与父母发生亲子矛盾。对此,学校邀请名师在公众号、"魔法平台"上推出"家话"系列,如《在家陪娃学习,校长为你支几个招儿》,在帮助孩子设定学习目标、固定学习时间段、与孩子谈心交流、营造良好的家庭氛围等方面为家长支招,以便更好地引导家长开展疫情期间的家庭教育。此外,在"安心小站"微信群里,每周都有一位教师在群里开展亲子教育微课堂,围绕不同话题分享好的经验和做法。

(二)师生同成长,掌握"主播"新技能

人工智能、智能硬件、移动互联网,网络教育时代的到来也给教师们提出了新的挑战。对于一群平均年龄40+的教师而言,疫情期间的网课录制具有极大的挑战性。以前,很多教师可能更习惯于传统的教学方式,在黑板上板书、当面交流。现在,教师授课方式转到网络上,一台电脑、一个摄像头、Wi-Fi,就可以变成"主播",随时上课。

疫情期间,学校共有100多位教师参与了线上录课。他们在短短一周内迅速掌握了PPT的制作、录音、录屏、动画制作等技术。

"以前会主动避开新技术,这次真是长本事了。"这是参与录课的教师们最大的感受。这段经历很大程度上颠覆了教师们以往的教学经验,从讲台到电脑屏幕,是教师们迅速成长的过程,也是教师主动提升自己、面向未来而教的积极尝试。

疫情期间,学校共有100多位教师承担起了语文、英语、艺术、道德与法治等学科300多节课的录制,参加了教育部"国家中小学网络云平台"的建设。这群教师也被称为"国家队教师"。

四、云陪伴，有温度、有态度、有深度的同行

陪伴，是疫情期间学生们最需要、最渴望的事情。宅在家里的学生虽然有父母细心的照顾，但是，却没有了同伴们朝夕相处的陪伴，没有了老师们面对面的谆谆教诲，因此，他们的心理健康不容忽视。

（一）聚焦健康宅家，从行为到习惯的养成

在家里上网课，原本是比较私人的行为，但是当所有学生都在家上网课时，公共环境的保护就成了所有人应该注意的事项。2月，学校公众号后台收到了一份求助，有家长表示因为楼上孩子上网课，在家运动产生的噪音影响了一家人的正常生活。对此，学校通过公众平台，推出倡议文章《假装在户外的娃们，怎样宅家才能不"惊天动地"？》，倡议学生们采取合适的居家运动，并且制作一张暖心的温馨卡送给楼里的邻居们，感恩这段时间里邻居们对他们在家运动的包容与理解，对运动产生的噪音表示歉意。这篇倡议文章被发出后，收到了家长们的积极反馈。教师们关注学生健康居家的小细节、科学的引导建议，感动了许多人，也获得了家长们的好评。

（二）家校同行，无时不在的云陪伴

网课一个月之后，"魔法平台"上的线上留言中突然收到了一个学生的"特殊的心事"：最近和爸爸发生了冲突，不知道该怎么办？

当老师们看到学生的留言后，纷纷在下面进行暖心回复。有的老师安慰他，每个人都有委屈的时候，要相互理解；有的老师支招，可以换位思考，敞开心扉地找爸爸谈谈；有的老师留下了电话号码和微信号，愿意充当"知心姐姐"；还有的老师分享了自己与父亲的相处方式和感受。这样的云沟通、云陪伴在疫情期间每天都在发生，考验了老师们的教育智慧，也不断增强了师生之间心与心的距离。

此外，学校定期在公众号上发布亲子教育内容，如《"神兽"在家超难管？老师来支招了》《居家自主学习太难，怪电子游戏喽？听听可钦校长怎

么说！》等，引导家长更关注学生的心理健康，做好学习规划。除了线上发布，还有线上的大型"云家长会"，教师们通过各种渠道，加强与家长和学生的沟通联系力度。

居家期间如果想老师了怎么办？疫情期间，《回味无穷，把班主任的故事讲给你听》《温暖时光，老师的柔情朴素又好懂》《班主任的故事，有时候笑着笑着就湿了眼角》《孩子们想班主任了？他们的样子必须剧透》等文章，展现了老师们如何在家上课、云想娃的点滴细节。这既让学生在网上见到了日思夜想的老师们，也展现了"大家三小"老师的风采与气质，让更多人为一直加班加点、忙碌着的老师们点赞、打 call。

突如其来的疫情加速了网络教育时代的到来。迎接时代的挑战，基于"云+网+端"应用的线上学习，"大家三小"从未停止过探索和实践，每位老师都全力以赴、排除万难，力保在疫情期间让每个学生"人人皆学、处处能学、时时可学"，并关注学生学习和身心的双重健康。而疫情期间"把学校变大"的云探索，在疫情结束后也将成为学校的宝贵财富，让"互联网＋教育"成为面向未来的教育模式，不断拓展"大家三小"云学校的内涵和外延！

"云思维"激活学校管理新动力

北京市东城区东交民巷小学　周国贞　王文利

2020年是不平凡的一年。疫情考验了成长中的青少年，考验了广大家长，也考验了学校的教育管理水平。疫情对传统的办学管理模式提出了新的挑战，教师居家办公，学生居家学习，如何让学校管理不松懈，让教师队伍建设有实效，让学生学习活动不打折，都是学校需要解决的问题。

作为教育管理者，面对突如其来的疫情，要反应迅速，挑重担，敢作为，不忘初心，坚守使命，融合团队力量和各方资源，搭建平台，针对疫情期间人员管控难统计、教师信息技术难掌握、组织活动难开展等问题，不断完善相关方案，创新管理方式，将这次疫情的挑战变成机遇，实现学校可持续发展。

一、"头雁"管理模式：激活发展动力

群雁齐飞，最重要的是领头雁。头雁"勤"，群雁就能"春风一夜到衡阳"；头雁"懒"，只会"万里寒云雁阵迟"。"头雁效应"指的是雁群中领头飞的大雁，有担当、有勇气和智慧，能够划破长空，克服一切困难和阻力，飞行在雁群前头，发挥带头作用，其他大雁则服从领导、分工协作、形成合力，大家目标一致地以最优化的飞行方式飞向目的地。疫情来临后，需要学校管理者具有前导思维和整合融合能力，靠前指挥，主动作为，就像那只领头的大雁，带领学校创新活动形式，激活学校管理的新动力，全面提升学校管理实效。

面对北京市教委做出的"停课不停学"的决定，学校要为学生录制线上课程。怎么录？录什么？教师信息技术跟不上怎么办？随着工作的推进，一

个又一个难题不断出现。作为学校管理者，首先，组织教师积极行动，设计调查问卷，了解学生实际需求。比如，学校为学生量身设计了在家学习的资源库，即"东小延期开学，温情陪伴"网络课程，指导学生在家开展自主学习、自主锻炼、自主劳动、自主生活、自主成长。其次，要找到教师中的"领头雁"，发挥他们的示范作用，让他们敢打头阵，敢挑重担，率先行动，录制示范课，为全体任课教师快速调整、突破信息技术关打下基础。最后，充分发挥对教师教研的专业引领作用，及时跟进，切实加强对教师教研的指导，提高教师在学生长期居家学习生活背景下的育人能力，增强教师网络应用能力，提高在线教育课程的吸引力和育人实效性。学校共录制线上课程760余节，其中六节美术微视频课被市基教中心录入"百节优课"；同时，完成了北京市"空中课堂"159节课程的录制任务。

二、"云"管理模式：焕发创新活力

疫情让教师每日到校完成教育教学工作模式发生了根本性的变革，更多的管理者开始运用"云思维"进行管理工作，以时尚的"屏对屏"代替传统的"面对面"，让"云思维"与学校中心工作深度融合，高效完成各项任务。

云会议实现动态有效管理。教师居家办公期间，学校充分利用软件中的云会议功能，远程发起办公视频会议，通过线上支委会、党小组会、年级组长（教研组长）会，把学习、动员、部署工作有机结合，层层压实，做到统一思想、统一领导、统一指挥、统一行动。

云学习实现教师素养提升。疫情期间，教师利用云端学习的时间更灵活了，内容也更丰富了。除了常规的理论学习，还可以组织教师参加云端的"读书沙龙"，通过观摩线上课程，开展跨年级、跨学科的教研活动，为教师录课、备课提供有针对性的教学目标和内容，加强对教师授课内容的指导。

云活动实现活动扎实开展。疫情防控是战场，既是检验使命担当的"考核场"，也是淬炼战斗本领的"训练场"。管理者将线下的学生活动搬到云端，探索新的育人模式，云端书画展、云端音乐会、云端毕业典礼都展示出教师们的智慧，也让学生的居家学习、生活焕发出新的活力。在学雷锋日、五四青年节、清明节、植树节、劳动节、世界读书日等关键时间节点，云活动的形式架起了教师与教师、教师与学生、学生与学生、学校与家庭、学校与社会的桥梁。

云课堂实现学生"菜单"学习。录制线上网络课程是这次疫情期间学校的重要工作之一。云课堂模式的出现让参与教育教学的人打破了教育和学习的思维惯性；线上教育的出现，让教师的教学模式、理念都公开化，也让人看到教育需要社会、学校和家庭三方努力，才能实现教育结果的丰收。学校不再只为学生提供单一的课程内容，而是打造一个学习资源库，用菜单的形式呈现给学生，激发他们"好学、思学、盼学"的内在动力，实现学生在居家学习、生活期间的全面发展。学校在疫情期间打造了"东小延期开学，温情陪伴"的线上课程，引导学生通过健康陪伴、安全陪伴、红色地图、博物之旅、生活揭秘、阳光少年在行动等活动，将主题教育与心理健康结合、劳动教育与生活实际结合、艺术修养与拓展视野结合，为学生、家长提供丰富的学习和实践平台。

云答疑实现个体的关注。云答疑是北京市"空中课堂"学习的延伸。学校开通学生在线答疑通道，制定下发答疑时间表，做到复习与探究结合，充分发挥网络平台在学习资源丰富、组织管理方便、互动交流及时等方面的优势。学校为每个班级配备三名教师积极开展线上答疑、个性化学习、教师个别辅导，将线上教育与线下学生自主学习、自主探究充分结合起来，加强对学生学习计划、学习方法、学习工具、学习资源等方面的指导，帮助学生梳理转化学习成果，让学生学会学习，形成独立学习的能力。

云家访实现家校共育人。疫情期间，学校在维护融洽的亲子关系上下功夫，在云端为家长发展良好的亲子关系提供相应的指导。通过学校公众号、云端家长会、云家访等多种形式，让家长更多地参与到学生体验性学习的过程中，参与到学生作品的分享与展示中，激发家长参与的积极性；引入家长的教育资源，将"疫情危机"转化为"家庭教育的契机"，体现家校合力，共促学生成长。

三、"嵌入式"管理模式：确保执行力

"嵌入式"原指嵌入式系统，用于控制监视或辅助操作设备和机器的装

置，是一种专用的计算机系统。"嵌入式"管理模式在这里取"嵌入"的本义，即牢牢地或深深地固定或树立。

疫情期间，教师居家办公，所有干部下沉到年级组，实行包干年级管理制度，真正落实管理责任制，增强管理的针对性和时效性。学校领导班子成员通过"云会商"，建立疫情排查"日报"制度，精准摸排人员基础数据，建立动态基础台账。同时，行政干部对所负责的年级组教师工作及时进行评价，随时调整组内教师的工作状态。

通过联系年级工作的深入开展，加强领导干部全面了解和掌握师生居家学习、生活的基本情况，为教学和管理工作提供真实的决策依据，及时解决各种实际问题，从细微之处入手，从"微制度""微举措""微点子"抓起，将疫情防控与线上教学更好地结合，让制度的整体功能和实际效能得以充分发挥，使制度能够管得住现在、经得起检验，全面提升学校管理水平。比如，在疫情期间，教师以线上远程教学辅导为主，学校要求各学科教师做到三个"重点关注"：（1）全员参与。确保所有在校学生都参与到网课学习中来。（2）日清月结。组织教师在线进行答疑解惑，按学科划分时间段，确保每个学生的个性问题都能够得到解决。"日清月结"既要有当日学生疑惑的查缺补漏，也要有班主任、心理教师的专项辅导。（3）有效评价。鼓励教师采用多种形式对学生进行正面、积极地评价，提高学生参与学习的兴趣。教师要注意评价的激励性、针对性和生成性。

突如其来的疫情对每一个学校管理者都是严峻的考验。首先，疫情考出了管理者自身的党性修养。作为学校管理者，坚守岗位、靠前指挥，真正做到守土有责、守土担责、守土尽责。这个"责"，是疫情当前带头开展延期开学，确保学习、教育教学到位之责；是带头落实疫情防控措施，确保防控举措到位之责；是做好学生联系沟通，确保传达报告到位之责。其次，疫情考出了管理者的团队执行力和凝聚力。学校的管理者就像一台电脑的中央核心处理器，在接收到命令后，迅速反应、整合信息、编制程序、输出指令，使电脑良好运行，以达到要实现的效果。要落实中央、市区指示精神，关键需要管理者带领团队群策群力，创新工作，不断整合资源，探索管理新模式，把每一个任务清单转化为一个个具体的措施，落实到位。最后，面对疫情，要认清教育人肩负的重大职责使命，不忘教育人对教育的情怀和初心使命。作为学校管理者，在紧要关头要有清醒的头脑和责任担当，更要有校本化的实施推进策略，要关注学生、家长、教师多层次的需求，快速反应，制定有效可行的方法策略。只有关注需求、关注策略的实施过程，才能更好地将学校教育教学工作落地，才能为党育好人，为国育好才。

疫情期间，学校高效的管理模式受到了各级领导的充分肯定；线上课程、学习辅导、家校沟通等方面的工作得到了家长的充分认可、学生的高度喜爱；教师队伍得到历练，能力得到提升，其中六节美术微视频课被市基教中心录入"百节优课"，多节心理辅导课被东城区教委新闻中心公众号"东教印象"推送。疫情期间，学校管理经验还被刊登在东城区教委内部宣传刊物中，向全区教育人推广。

新的阶段又有新的课题，常态化疫情防控下学校将继续探索行之有效的管理办法，将对线上、线下的教学方式转换继续进行研究，以更自信的积极状态应对未来无限可能。

疫情防控期间学校教学组织和管理工作模式实践

北京市西城区师范学校附属小学　高珊

2020 年，在学校党组织的统一领导下，全面贯彻落实党中央、国务院关于坚决打赢疫情防控阻击战的决策部署，按照市、区教委要求，坚持把疫情防控和师生生命健康放在首位，统筹处理好疫情防控与教育教学的关系，完成课程方案和课程标准规定的教学任务，全面落实立德树人根本任务。

一、向管理要质量

（一）线上培训与教研活动相结合，助力教师线上指导

1. 增强线上教研活动力度

延期开学期间，学校共组织全校性教师培训 6 次，骨干教师培训 10 次。各学科教研组共组织教研活动 440 次。学校要求各教研组在不同时期开展针对性强的教研活动。居家学习期间，要求教研活动主要研究学科的基础知识和基本方法，从学科最基本的内容入手，培养学生自主学习的能力；之后过渡到对新教材的研究和解读，如何更好地配合市区网课内容，对学生进行有力指导。

2. 为录制市区网课提供有力保障

延期开学期间，学校教师积极参与了市区级课程的录制。学校技术部门成立了线上教学技术支持组，全天候线上提供技术支持。学校课程与教学研究中心所有教学干部参与备课、录制工作，顺利完成了 70 节市区网课录制。2 月 17 日至 4 月 12 日，学校共有 25 位教师录制了 38 节课，并在西城区中小学线上学习平台播出。4 月 13 日至 5 月 31 日线上学习新课期间，有一位教师参与了北京市歌华有线语文课程的录制，并有 3 节课播出；20 位教师录制的 29 节课在西城区小学线上学习平台播出。

（二）学校对教师组织教学活动的质量监控

1. 有市区网课当天组织教研活动，各学科统一作业和指导内容

4月13日开始，语文、数学和英语学科教师在有本学科市区网课的当天，都会第一时间观看网课，并于每日10:30组织教研活动，并进行研讨。教师们把握学科基本知识和基本方法，结合学校实际情况，研究对学生的有效指导。

教师针对当天网课内容进行充分的、有深度的讨论，确定学习建议、布置作业以及确定当天直播答疑的PPT内容。语文教研组针对答疑还统一了全组的文稿。英语部分年级的"学习建议"PPT中的每一页都有详细讲解，让学生在观看的时候不会感到吃力和无从下手，受到学生和家长的认可。各年级教师反复审核所有内容，保证推送及讲解内容的准确性、科学性。所有教学干部都参与到各教研组的活动中，及时提出问题和应对策略，让教师们在直播答疑的时候感受到团队的力量，十分安心。

2. 作业布置形式的思考和研究

线上教学对教师运用现代化技术和网络软件提出了更高的要求。其中，电子版作业的批改让教师们感觉很困难，由此我们反思了作业布置的形式、精简了作业的内容。这对我们研究作业的有效性提出了要求。

3. 直播内容有监控

根据学生的学习特点，学校安排各学科进行直播指导、答疑。在直播过程中，班级群中的其他教师、学科主管都可以进入直播间，监控质量。每个学科直播答疑中的相关指导内容都是年级统一的。技术组也安排专人在直播时巡视各直播间。

（三）通过家长问卷调查了解学生学习情况

为了更好地了解学生居家学习的情况，了解家长对于学校安排的意见与建议，学校在3月初对全体家长进行了问卷调查。这次问卷调查共收集到3993条数据，其中，98.2%的家长对学校居家学习安排表示满意，85.1%的家长认为学校录制的视频对学生的自主学习帮助非常大，全校98.1%的学生接到了老师的电话，绝大部分家长认为老师与学生沟通对于缓解学生居家学习期间的心理问题有很大的帮助。这是对学校工作的肯定，也是对所有教师付出的肯定。在问卷调查中我们也发现，有4.2%的学生情绪不稳定，主要

问题是抑郁。针对这个问题，我们在后面推送的心理视频中对学生的心理问题进行了干预。在问卷调查中我们还发现，很多家长当时已经复工，部分学生在老人家中，所以自主学习完成得不太好。针对这个问题，学校推出了丰富多彩的居家学习系列活动，帮助学生提高自主学习能力。

二、向新的逻辑建构方式要质量

（一）延期开学，丰富居家学习内容

1. 以"梳理与拓展"为基本的思路录制视频

2月17日至4月12日（第一阶段），依据北京市教委基于学生身心健康和疫情情况所做出的关于延迟开学的决定、区教委工作方案以及学校相关工作方案，本着"休息、防疫、学习"三结合的原则，充分利用电视、网络，设计安排德智体美劳全面发展的素质教育课程，引导学生合理安排居家期间的学习、生活。根据学校文化特色、课程特色和学生实际情况，以"梳理与拓展"为基本思路，并基于学校学科特色表达，突出体现学科思想与学科方法。学校录制视频，以直播的形式播放，学生自愿观看。视频内容关注学生身心健康，除学科教学外，还安排了安全教育、心理健康教育，每天安排两次体育锻炼。结合学校主题教育月和校本课程，安排了优秀传统文化、爱国主义教育、电影赏析课程以及阅读沙龙。在这个阶段，全校共制作视频267个。为了满足学生和家长不同时段的收看需求，全校每日除直播外还安排了两次重播，共推送直播视频课1800节次，直播总时长累计46800分钟。直播期间还关注学生用眼卫生，每天的直播推流中都坚持安排眼保健操。学生们积极观看学校视频直播，全校每日观看量平均7837人次。

2. 组织丰富多彩的活动，引导学生居家自主学习

该阶段还组织学生参与丰富多彩的活动，比如，"一读一画双写"活动倡导学生读一本书、画一幅画、写一幅书法、写一篇文章。"居家中的科学"活动倡导学生发现生活中的数学统计、科学小知识，鼓励学生通过项目研究、小实验等方式进行学习。"居家学习自主十个一"活动包括制订一个学习计划、每天锻炼一小时、每天读书一小时、每天写一页字、每周参加一次

小组讨论、每周至少参加一次户外活动、每两周完成一次项目学习、参加一次"云游"活动、参加一次美术绘画和设计作品展、参加一次网络音乐会。3月底推出的"居家学习自主十个一"活动中涉及的语文、数学、英语项目学习巧妙地结合了新学期的内容,为学生搭建自主学习的支架,也为4月中旬的线上学习奠定了基础,帮助学生从居家学习过渡到线上学习。

学校"一读一画双写"活动、"居家中的科学"活动、"居家学习自主十个一"活动共推出了14次网络展示。三场网络音乐会和两场网络班会在五一期间推送给学生,5天的观看量为4142人次。网络画展和网络班会(两节)在5月底推出。

(二)线上学习,直播答疑指导学习

4月13日至5月31日(第二阶段),主要是线上学习、指导答疑。根据学校的教学计划,各教研组制订了符合学生年龄特点的具有学科特色的教研组计划,并根据学科教学要求和网课内容组织了教研活动,进一步落实学科基本知识和基本方法。各任课教师努力根据网课内容增补相关指导,通过直播答疑为学生的学习提供了有力保障。4月13日学校结合市区网课开展直播答疑工作,截至5月31日,共完成3607场直播答疑,188056(人次)学生参与,228名教师参加直播。

三、向"自主"学习的方式要质量

(一)班主任整体把握班级学生情况

班主任利用多种方式进行地毯式摸索,了解班级学生的整体状态,做到心中有数。作为班级的管理者,班主任需要最先做出变革。面对看不见、抓不着的学生,怎么开展教育是一个需要重点思考的问题。从1月23日开始上报健康数据统计,全校101个教学班、101位班主任心中的那根警报绳就被拉响了。虽然当时还在假期,但是各班班主任已经开始投入到班级管理中。从那天开始,按照上级的要求,班主任每天对班里学生的行程、健康都要知晓,出京、返京、入境所有的信息都要准确、及时。为了保证信息不出错、不延迟,班主任每天都要等到很晚、等到上级布置完要求才能入睡,第二天一早又开始接收家长上报信息的短信，但是没有一个班主任会抱怨，都能积极主动地配合年级、学校完成每日报表工作。此外，班主任通过每日的报表及时关注、了解学生的动向，发现问题及时主动与家长取得联系，了解具体情况，并给予学生学习和生活上的帮助和指导。

（二）充分利用小组活动、一对一沟通交流等多种形式培养学生

自2月17日开始延期假期，在认真落实"停课不停学"的基础上，各年级教师也做到了"停课不停学，停课不停教育"，他们借助互联网平台，采取多种方式加强对学生的教育。为了帮助学生能更好地适应居家学习，在学校的指导安排下，教师们开始进行一对一沟通交流，保证学生"离校不离师"，让学生听到或看到老师。科任教师教授的班级很多，所以每个班联系的学生就少，班主任为了让每个学生都能感受到老师在身边，平均每天都要通过电话、视频联系2～3人，这样才能保证每两周内学生都能看见自己的老师。为了丰富学生的生活，学校在后期开展了"居家学习十个一"项目学习活动，开展小组讨论式的学习方式。虽然学校要求每周进入1～2组活动就可以，但是班主任们为了更好地了解学生居家生活和学习的状态，自己班的每个小组几乎都进去参与了学习和讨论，通过视频的交流，面对面地让学生感受到老师就在身边。这种参与形式缓解了家长和学生的焦虑心情，受到了很多家长和学生的喜爱。

（三）关注线上学习情况，促进学生自主能力的不断提高

4月13日线上学习正式启动，教学的压力并没有让班主任放松对班级的关注和管理，而是在保证教学工作顺利进行的基础上，抓教育关键点，对学生开展针对性教育，促使学生良好行为习惯的养成。通过各班班主任对学生在线人数的调查发现，学生都能按时参加网课的学习，大多数学生的学习积极性较高，能主动、及时上交作业，各年级作业提交率、改错提交率也均达到95%以上。对于学生作业里的问题，考虑到不给家长辅导增加负担，教师们相互传授经验、集思广益。比如，充分利用直播答疑时间强调重难点，帮助学生学会自主改错；批改作业时充分发挥评语的作用，对表现好的学生及时鼓励，肯定优点，对简单的错误直接在评语里进行辅导；对个别学

困生采取一对一单独指导。直播答疑是教师与学生面对面沟通交流很重要的一次机会，所以在每次答疑时，教师都会提前5分钟开直播，和先到直播间的学生聊聊最近的情况，感受一下他们的心情，并且给他们鼓鼓劲。这种方式深受学生的喜爱。同时，很多有经验的班主任通过作业反馈发现学生学习态度不端正时，能第一时间与家长进行沟通，与学生通话进行教育，并提出具体措施，每天监督检查。经过一段时间后，学生整体比第一阶段有进步。针对滞留境外的学生，班主任们更是主动沟通、安抚，帮忙解决问题，给予更多的关心。据统计，全校各年级班主任、任课教师与学生线下单独指导、沟通累计10000余次。

（四）给予毕业年级学生更多的关爱

六年级学生面临小升初，部分家长和学生比较焦虑，这时班主任们及时与家长沟通，解答疑问，抚慰家长情绪，并主动关心、帮助学习能力相对较弱的学生，发挥学习小组的正能量，从不同的角度鼓励每一名学生，帮助他们树立信心。

四、向信息技术要质量

（一）准确定位技术需求，推进教育信息化

在居家学习期间，各种信息化手段的运用出现了百花齐放、百家争鸣的现象。如何选择运用适合的信息技术手段是摆在学校面前的第一个问题。我们坚持任务为导向，以能够落实学校部署的技术方式为首选，实现了办公、教学全面网络化。整个疫情期间，我们选用Microsoft 365作为校园办公、集体教研、会议互动的工具；选用企业微信作为家校沟通、信息发布分享、学生学习指导、答疑的互动平台；选用"西城教育云学堂"作为音视频传播媒介。

（二）贯彻终身学习思想，提升教师技术能力

本次在线教育实践，将所有的教师都推到教育信息化的第一线，每个人都深刻感受到信息技术对教育教学工作的助力作用，并且迅速适应、主动学习、自主开发。老师们从重新认识手机、平板、计算机开始，到熟练驾驭电

子设备；从 PPT 上只会简单的文本编辑、动画插入，到各种花式演示方式切换，再到录制 PPT 视频；从只会发美篇、晒朋友圈，到用上推流、直播、码流、分辨率等专业词汇沟通工作；从看别人发抖音，到自己做"主播"，与学生互动；从微信到 Teams、企业微信等不同通信工具综合运用自如……这些工具、技术的认知与掌握都是在循序渐进、潜移默化地提升着，在牢固的健康第一、全面发展教育思想引领下，实现了自我提升和理念的更新。

（三）教育技术信息化需要管理与保障团队先行

居家期间的教育教学工作使人们认识到网络学习可以成为课堂教学的有效补充，这也给校园信息技术指明了方向：今后要努力实现"看不见的服务"和"看不见的管理"。本次在线教育实践在学校党总支、办公会的领导下，于 2 月 3 日先行组建了技术支持团队，团队成员都是来自一线的教师。团队教师用自己的亲身经历、网络教学体验为学校的平台选择、软件推广提供了宝贵的意见和建议，又率先大规模地开展前期网络应用实验，采集第一手数据，制作成一份份简明的操作导引图，灵活运用集会、简报、教研、通告等形式，及时在全体教师中进行传播，使教师们在对待每一种软件的使用、每一个平台推广时都能够驾轻就熟，顺利完成学习，尽快投入到自己的教育教学设计中去。技术团队每天工作时间集体在线，第一时间发现并处理技术问题，解答教师们的疑问，并利用各种丰富的工具软件，及时巡查、采集教师们使用各种软件、平台的第一手数据，为学校的进一步决策提供详实的数据保证。

在这段特殊的时期，所有的教师在学校党组织的领导下，积极主动工作，争做"有责任感的西师附小人"。比如，音乐组的青年教师创作了歌曲《相助同行》并由我校师生演唱，制作成 MV 后受到师生和家长的广泛关注和喜爱。英语组结合学校戏剧课程原创了英语戏剧《居家学习日记》(*Study-at-Home Diary*)，并由师生录音制作成了动画，介绍了疫情以来学校师生开展线上学习的真实情况，满满的正能量在社会上引起了共鸣，多家媒体相继报道、转载。众多党员教师发挥模范带头作用，在保证师生健康的前提下，采用多重措施保证学校的教育教学质量，为学生的发展做出了重要贡献。

疫情背景下线上教学的思考与实践

北京工商大学附属小学　李庆华

有人说，世界上唯一不变的就是变化。突如其来的疫情，给我们的教育带来了前所未有的变化。从寒假中的数据上报到延期开学的任务跟进再到线上教学的全面铺开，在短短的三个月里，教育教学方式发生了很大变化。如何尽快做好线上教学工作，完成好教学任务，是我们的当务之急。

一、应时而生

2019年10月，学校将超星学习通课程平台的建设与应用作为加快信息化建设的一个抓手，教师们在课堂教学过程中利用平台中的课程资源辅助常规教学活动，进行了初步实践，收到了较好的效果。2020年2月的延期开学为平台的使用提供了一个契机。我们建设了"延期开学，成长在线"专区，设置了宣传栏和五门课程，分别为抗击疫情、体育锻炼、每日阅读、劳动实践、项目式学习，涵盖了延期开学期间的任务内容，五育并举，融合育人。平台上每天都能够看到各班学生居家锻炼和劳动实践的照片、视频、美篇，看到学生的成长。课程平台成为学生展示学习成果的平台。

利用平台"图书馆"，教师为学生推荐本年级学生阅读书目，并推送阅读作业，让学生不仅能够根据视频导读快速了解书的主要内容，看电子书，还能听书，在此基础上完成阅读作业和读后感，在平台与同学一起交流分享。

线上教学的开始，又给线上课程建设提供了一个丰富和完善的机会。为了做好线上教学工作，学校明确线上教学采用1+N平台，以学习通课程平台为主，其他平台如腾讯会议、微信为辅，逐渐将资源汇聚到学习通上。三个校区从各年级、各学科推选优秀教师，建立骨干应用团队，并参加区级培训，聆听专家讲座，回到各校区、各教研组后再发挥引领作用，有力地推动了课程平台在线上教学初级阶段的应用工作。疫情面前，我们必须迎难而上；线上教学，我们必须勇敢面对，主动化"危"为"机"。

二、借力而行

（一）借课题之力推进实施

2020年4月3日，房山区成立在线教学实践研究课题组，以超星学习通课程平台为依托，开展在线教学实践研究工作，我校有幸成为八所实验学校之一。结合学校"基于网络学习空间的改变学习方式研究"和"房山区小学在线教学模式实践研究"两个课题，以学习通课程平台的应用推进为抓手，对学校线上教学进行总体设计，三个校区统一部署，统一实施。

（二）借专家之力促进实施

习惯了面对面的教学，一下子跳转到线上教学，教学方式的跨越、教师角色的变化、如何把握学生的进度等诸多疑问困扰着大家。为了解决这些困惑，中国信息技术协会丁书林常务副会长为我们进行了"在线教学的挑战及教师转型升级"为题的培训，从在线教学的背景、在线教学的核心要素以及在线教学的教师转型与升级三个方面进行讲解，让教师们对于在线教学的定义、基本组成元素、基本形式、基本特征、主要原则等有了清晰的认识，明确了新环境下要从一个教学工作者到教学设计师、课程开发者，最后成为课程设计师，需要完成好自身转型升级和自身角色的转变。培训让教师们眼前豁然开朗。

三、合力而为

（一）干部合力，共管共理

学生和教师在线上学习，管理人员下沉到各年级、各班，进入到班级群、班级课程，在线上和教师、学生一起学习，在线上倾听家长们的心声。干部每周一次线上交流，发现问题随时协调解决。干部们有分工，更重合作，形成合力。线上共管共理，促进了线上教学平稳推进。

线上教学对教师而言是一种挑战，对教学管理人员也是一种挑战。以前我们可以进班听课、查作业，了解教师班级授课情况，线上教学应该如何进行管理呢？干部们也要转变管理思路和方式。为此，我们要求所有管理人员下沉到班级，校级干部对校区，教育教学的干部形成合力，下沉到教研组，进入腾讯会议，进入课程平台，通过后台数据了解线上教学情况，及时调整我们的指导方向，及时解答教师、学生和家长们的问题，及时引领方向。此外，我们研究制定了《北工商附小在线教学教师须知》《线上教学平台任务设计审核表》，不仅让教师知道为什么要这么干，还让教师知道该怎么干，为教学管理提供了抓手。

（二）校企合力，共学共用

超星学习通课程平台上，各个学科不仅搭建了自主学习的框架，还提供了 PPT、教案、微课等各种资源。学科包括部编版语文、道德与法治，部分学科部分年级虽然暂时还没有北京版相配套的资源，但是平台内其他版本的示范资源包涵盖了全国各地的各种版本，教师可以进行横向的学习、借鉴，为深入研究教材、设计任务带来了很大便利。为了让教师应用更方便，短短几天时间，超星学习通课程平台就上线、更新了北京版相配套的资源，让教师们感受到平台对在线教学的大力支持。

在线上教学的准备阶段，平台服务团队为教师提供了技术培训，他们随时解答教师在建课初期的各种问题。另外，他们还在平台以课程的方式，将培训内容和资源放进课程，为教师随时随地学习提供了学习支架。

线上教学应用的最初阶段，平台服务团队为教师进行了专项问题反馈答疑，针对教师困惑的作业设计重点进行了指导。

房山区 2020 年春季延期开学课程资源包上线、"空中课堂"资源包上线……越来越多的资源汇聚超星学习通课程平台，解决了教师、学生多平台切换的问题。除此以外，平台还虚心听取教师们的建议，及时改进平台作业批改等功能，让教师用起来更方便、更顺手。也正是由于平台的助力，使得学校的线上教学得以稳步推进。

（三）教师合力，共建共享

线上教学让三个校区的各教研组的教师最大限度地实现了团队合作，资源共享。我们在这个教学过程中，共建课程，共用课程，共享资源，让集体备课的成果通过线上课堂落地。

大教研组老师分工合作，团队作战。比如，三年级教研组共12名教师，分布在三个校区。负责平台技术指导的王文明老师录制了各种小视频，分享给大家，作为教师自学和培训家长的素材，使得师生能够快速熟悉课程平台，为本组教师进入线上教学提供了先决条件。负责资料筛选、建课的几位教师，通过数字学校、国家课程平台和"空中课堂"中的资源，截取、选择重要知识点做成微课，精心设计学习任务和章节测试，按照学习单的设计完成平台的课程建设，为学生进入课程学习提供重要载体。负责审核的教师，对每个章节的学习目标、重点难点、学习任务、测试习题仔细检查，严格把关后才推送给学生。

高年级团队的教师在此基础上，每天课前让学生完成平台上的学习任务，根据章节检测的问题及时调整第二天新课的教学策略，利用平台的直播功能进行讲解、答疑，并及时发布作业进行矫正性评价，收到了很好的效果。

英语学科的教师利用平台为学生提供课文录音、听力练习，让学生在自主学习中有资源可用，能随时回看，解决了教师在微信中为学生进行重复范读的问题，还可以布置口语作业，让每个学生的口语都能够得到教师的指导。

低年级的老师在应用平台的过程中，利用其作业批改的强大功能，不仅在学生作业上批注、勾画，还能录制音频"评语"一起反馈给学生。学生虽然见不到老师，但在音频"评语"中一样能听到老师亲切熟悉的声音。比如，一年级的王萌老师就布置了读的作业，在作业中听到了孩子们稚嫩的童音。

科学和道德与法治学科的老师利用平台中的课程讨论区，在学生课程学习过程中发布围绕重要知识点的讨论题，学生在这里积极发言，与老师、同学一起热烈讨论、探究发现，实现了学生随上随看随参与，老师随上随看随反馈，收到了很好的效果。

（四）家校合力，共管共育

线上教学让师生不能面对面，只能隔空喊话，在这个特殊时期，更依赖家长的监管和教育。家校形成合力，才能实现共管共育，促进学生健康成长。线上家长会如期召开，学生和家长一起参加培训学习，熟悉平台的操作，强调学习的注意事项。每天晚上 7:00—7:40 的答疑时间，又是一次家校沟通的机会；每周一晚上的云端微班会，家长们全体参加。教师们的每一次隔空指导，带给家长们的都是及时雨。线上教学以来，家校互动比任何时候都频繁，比任何时候都有必要。

线上教学让我们在学习、应用中蜕变，在蜕变中实现了从固有的教学模式到网络时代下的线上教学的超越。在这个过程中，广大教师智慧共享、责任共担、能量共聚、家校共育，让学生的自主学习习惯、自主学习能力、自我管理能力从无到有，从弱到强。

疫情背景下促进学生居家有效学习的校本实施方略

北京师范大学京师附小　殷洪洲

2020年初，新冠疫情突然来袭，在给学校传统教育带来巨大冲击的同时，也加速了在线教育、网络教学的普及性。受现实状况的影响，传统课堂教学中"教和学"的方式变革成为一种迫在眉睫的刚需。我相信，疫情过后，传统课堂教学的变革与发展必将呈现全新的样态。

疫情之下，作为一线教育工作者，我们需要迫切思考的是，需要采用哪些妥帖的方式方法来促进学生开展有效学习，进而提升学生居家学习的实效性。经过半年以来大量的线上教学的实践与探究，我认为可以采取以下四种教学方略。

一、设计自主性居家学习方案

面对疫情，学生被迫采用居家学习的模式。一方面，从教室回归家庭，学习环境的突然改变必然会对学生的学习、生活造成一定程度的干扰和影响。另一方面，以往师生及生生线下真实互动的情境不复存在，全部变为人机互动式的学习方式。此外，学生在家学习，也意味着教师将无法对学生进行直接管理。综上种种，学生居家学习的模式，对学生自主性的学习管理提出了极高的要求。

面对这种情形，就要充分调动学生学习的自主性。要让学生完成对学习内容的高效管理，就必然涉及自主性居家学习方案的设计。此方案的设计需要兼顾以下五种原则。

（一）系统性

首先，在方案的设计上，要有完整的时间段划分，可以以每个小时为单位进行切分。在此前提下，将学习、生活等相关内容进行系统性布置，而后将统筹安排好的学习、生活内容放入到每一个合适的时间段内，完成学习方案的初步架构。

（二）平衡性

学习方案的设计要秉承"劳逸结合"的原则。小学生对学习的专注度、持久度以及自主管理的能力相对较弱，所以，在以学习为重的前提下，要加入相应的锻炼和休闲时间。根据学段的不同，学习和休闲的时间也不尽相同。具体来说，学段越低，休闲的时段比重应越大。

（三）具体性

学习方案中的学习内容一定要做到准确、具体。遵循学科内容阶梯形架构的学习原则，针对学科、单元、具体课程以及其中包括的知识点，做出具体而明确的学习计划和内容安排。

（四）可行性

在制订学习方案后，要对方案内容进行核实。结合自己的学习水平以及实际学习情况，判断设置的学习内容是否合适妥当。特别是学习基础以及学习能力较弱的学生，可关注有无超量学习或负担过重的情况，是否需要酌情减量。一般建议，此类学生在自主性学习的初期，不要把学习内容安排得过满，因为过重的学习负担必将减弱学生的学习兴趣，影响学习方案的有效实施以及可持续性。

（五）反馈性

依托学习方案开展居家学习的同时，还要对学习方案的执行情况进行定期的自主性评价与反馈。可以以每日、每周、每月为单位进行不同阶段下的周期性反馈，以此评估自己的实际学习情况。为了更加直观、准确地把控学习情况，也可以纳入计分体系，以此量化学习效果。当然，在反馈阶段，教师和家长也可以酌情介入，根据自主性居家学习方案的反馈结果，制定相应的奖励机制，以此调动学生完成居家学习方案的兴趣与积极性，促进学生高效开展自主性学习。

二、开展单学科拓展式、多学科整合式学习

（一）学科拓展式学习

拓展性课程最突出的特点是对课内基本学习内容的拓展和延伸。它在激发学生学习兴趣的同时，引导学生依托基础性课程的学习内容进行更为深化的认知性学习，进而提升学生的学科专业素养。在居家学习的特殊时期，拓展性课程学习的开展至关重要。

以学校高段语文教研组为例，在设计高年级语文第一阶段居家学习方案时，组内教师结合课文《圆明园的毁灭》的相关内容，推出高年级语文实践学习课程——"园林艺术"鉴赏之旅。表1为学习方案简案。

表1　六年级自主学习自选方案

语文主题实践活动——"园林艺术"鉴赏之旅	
中国古典园林蕴含着我国丰厚的传统文化，也是人类文明的宝贵遗产。为了更快地了解"园林艺术"，老师给大家提供了五个小活动。当然，你也可以结合下列学习材料，自行设计活动内容。同学们，让我们一起来开启"园林艺术"鉴赏之旅吧！	
活动一：古建探赏	古典园林利用各种建筑物，如亭、台、楼、阁、廊、榭、轩等，配合自然的水、石、花、木等组成体现各种情趣的园林景观。 你了解我国的园林艺术吗？你能分清"亭、台、楼、阁、廊、榭、轩、舫"的区别吗？快来读一读下面的阅读材料吧。
活动二：名篇赏读	关于我国古典园林的景致，在很多古今名家名篇中都有涉及，比如，欧阳修的《醉翁亭记》、王勃的《滕王阁序》、叶圣陶的《苏州园林》、沈从文的《春游颐和园》等。找来读一读，你对古典园林艺术的了解会更深。
活动三：楹联赏析	楹联又称对联，因古时多悬挂于亭台楼阁的楹柱而得名。楹联蕴含着我国丰富的传统文化。 园林中的楹联，有的借景抒情，有的托物言志，能体现出园中主人及设计者的内心情感。如"沧浪亭"石柱上的那副"清风明月本无价，远山近水皆有情"就是借景抒情的佳作。 收集一些著名园林中的楹联，尝试品味它们的内在含义，给你的家人或朋友讲一讲。

续表

活动四：名园赏览	苏州四大园林名扬天下，被联合国教科文组织列为世界文化遗产。你都去过中国的哪些园林呢？简单写一写你的游园感受吧。如果你还没有游园经历，你最想去哪个园林游览参观呢？上网浏览相关信息，简单制订一份游览计划。（参考：游览计划中应包括参观具体时间、所需费用、游览时长、游览路线图、重点游览景观标注等。）
活动五：影音欣赏	圆明园是中国古典园林艺术的巅峰之作，是中华文明辉煌的象征。然而令人痛惜的是，1860年那场"罪恶"的大火彻底焚毁了它。2006年9月上映的央视纪录片《圆明园》，运用三维特效再现了昔日皇家园林"万园之园"的盛景。欣赏影片，相信你会有更多的感悟及收获。

此课程以鉴赏"园林艺术"为主题，共设计了五个活动。每个活动侧重的语文学科能力培养都不尽相同。活动一、二引导学生初步了解古典园林艺术，着重提升学生的审美鉴赏能力，同时培养学生对祖国传统文化的热爱之情。活动三重在训练学生形成解释、做出评价的阅读理解能力。活动四针对的是学生提取信息以及资料整理的能力培养。活动五则聚焦于激发学生的爱国主义情感。此外，在方案设计中，教师还引导学生结合学习资料，自行设计学习活动，这其实也是在培养学生自主探究性学习的能力。综上所述，此课程的开展，着眼于学生的语文综合素养，从多个角度、全方位覆盖了语文学科的相关能力，极大地提升了学生居家学习的效率。

（二）同一专题下，多学科整合式学习

多学科整合是指将两种或两种以上的学科融入到课程整体中去，改变课程的整体内容和结构，在课程体系的变革中创设综合性课程。早在2001年6月，教育部便在《基础教育课程改革纲要（试行）》中明确指出要设置综合课程。居家学习期间，学生如果能在有限的时间内进行多学科的整合式学习，也能够较好地提升其居家学习的效率。

以学校六年级组为例，在进行六年级第二阶段居家学习安排时，因为已是冬去春来的时节，所以六年级组以"庚子春来"为课程主题，架构了多学科整合式的学习内容。数学学科推出学习活动"立春是春天的开始吗？"，语文学科推出实践活动"与众不同的春天"，科学学科设计课程"春季的星空",心理学科推出课程"走进春天——赏春"……各学科在同一专题下,开展实践活动课程。第二阶段的系列实践活动让学生聚焦在统一的学习专题视野下,学习内容的集中化、精选化,一方面节约了学生的学习时间,另一方面打破了学科间貌似牢不可破的知识壁垒,培养了学生学科贯通性的学习意识,提升了学生的学科综合素养,可谓一举多得。

三、借助学习平台、网络课程开展在线学习

自疫情开始后,学校被迫停课。在教育部推出的"停课不停学"的相关政策指引下,全国各地纷纷开展在线学习。北京市西城区推出区级中小学线上学习平台,引导学生借助该平台开展学科拓展性课程的学习。后续,北京市"空中课堂"上线,全市学生依托"空中课程",对新授教材体系下的学习内容进行在线学习。

必须明确的是,无论是市级还是区级的学习平台内容,都是十分优质的课程资源。但在后续的线上学习进程中,有部分学生的实际学习效果不佳。在和学生进行学习访谈后,我发现,最主要的原因是学生"由线下转为线上"的学习方式的改变。部分学生因为缺少线上学习的相关学习经验,不知道该如何收看线上课程。面对这种情况,当务之急就是要教导学生如何收看课程,高效地开展在线课程的学习。

(一)合理利用暂停键,给自己留足思考时间

教师都是以线上授课的形式进行课程录制,不同于学生实际在场的线下课堂教学,实际的线上授课过程中,部分教学环节缺失或不足,比如学生交流、教师反馈等环节。因为线下实际"教""学"环节的必然缺失性,一节40分钟的课程往往被压缩至20分钟左右,而学生在实际收看线上课程的过程中,要加入相应的思考、学习环节。那么在这一学习过程中,我们要引导学生合理使用暂停键。具体来说,当在线上课程播放中,教师出示本课的学习问题时,学生需要按下暂停键,给自己一定的思考时间。在对学习问题进行充分的思考和探究后,带着自己的思考结果来继续观看视频,并将思考结果和教师讲授的答案进行比对,在检测自己学习效果的同时,逐步学习

新知识。

（二）借助回放功能，深入学习新授内容

相对于传统课堂教学，线上课程较为突出的优势就是其具备回放功能，可以反复收看。这对于学习接受能力较弱的学生来说，未尝不是一种"特殊的福利"。当学生对教学视频中某一知识点的内容没有完全掌握时，可以随时滑动鼠标，调整播放进度，将之前没有听懂的内容进行二次回看，直至完全掌握为止。当然，在进行学期或单元复习小结时，学生也可以重新观看视频中的重点学习内容，以达到复习、巩固的效果。

（三）充分利用学习资源包，记录整理学习笔记

北京市教委在开设"空中课堂"的同时，为了辅助学生进行线上学习，还会同时上传与当天课程内容相关的资源包，包括教学设计、课件、学案、视频等相关教学资源。教师可引导学生充分利用学习资源包中的相关内容，进行辅助性、补充性的学习。因为相对于课程视频，资源包中的内容多以语言、文字的形式进行直观、具体地呈现，特别是教学设计，是整节课的教学思路，对于学生的课堂学习有提纲挈领的作用。学生通过阅读教学设计，可以更为直观地从整体上把控学习内容，对于提升学生系统性学习的能力有百利而无一害。此外，学生还可以借助资源包，对自己的课堂笔记进行补充和整理，进一步巩固学习效果。

四、借助相关软件，实现"教""学"的无缝衔接

众所周知，在线收看学习课程只是还原了学生在校学习的部分环节。为了更好地督促学生进行线上学习，把控学生的线上学习情况，教师可以借助相关学习软件，对学生完成的线上课程作业进行评价与反馈。

例如，依托"班级小管家"这款学习软件，教师可以完成作业发布、线上作业批改等教学工作。当出现集中性的学习问题时，教师可以利用腾讯会议开展多人在线视频教学，为学生答疑解惑。当学生出现个性化问题时，教师可通过微信视频电话实现一对一在线视频语音交流，满足以往在校学习中

个性化辅导的教学需求。

  根据不同情况下的教学需要，灵活使用各种线上软件，在最大程度上发挥其软件功能在"教""学"方面的优势性，进而实现"教"与"学"的无缝衔接，以此促进学生开展线上的高效学习活动，真正提升学生在线学习的效率。

  放眼当下，疫情已在慢慢远去，学校也已回归到正常的教育教学活动中。但是，我们必须关注的是，传统课堂教学的变革与发展也在逐步呈现全新的样貌。一方面，在课堂教学中，教师更为注重学生自主性学习能力的提升，秉承着"教是为了不教"的教学思想，学生课堂自主性学习的空间和范围都在不断地拓展和延伸。另一方面，多媒体信息技术的应用在日常教学中的比例在不断增大。现代化信息技术日新月异的发展给以往的传统教学带来了更多的冲击，但是挑战和机遇是并存的。追根求源，我们只有真正立足于学生，着眼于学生的发展，在此基础上不断改进、变革自己的教学方式、教学行为，以此促进学生进行有效学习，真正提升学习效率，那么，无论是面对疫情还是面对更加复杂的情况，我们都可以做到游刃有余、从容不迫。

建快乐课程，以线上"互动"促融合式学习

北京第一师范学校附属小学平谷分校　于秀娟

居家学习网络教学是一场教学模式的改革，教学的场所、途径、手段和学生学习的方式是最大的变化。教学场所从原来的学校教室变成了家庭卧室，学习方式从集体性学习变成了个体性学习，教师的教学氛围和学生的学习氛围都发生了改变，这种改变对教师的教和学生的学都造成了巨大影响。

影响的核心是交流互动的变化。利用微信软件一对一交流适合解决个别问题，一对多交流适合解决共性问题。但生生之间的多对多解决的是"集体学习中的交往问题"，交流互动、互相激励，满足学习和情感双需求。为了给一对多拓宽平台、给多对多提供机会，学校增设了"以班级建制、做网络教学"的线上组织教学方式，线上线下相结合，实现"既要打赢疫情防控阻击战，又要打好教育质量提升保卫战"的目标。

一、构建快乐课程方案，为"互动"确定目标

（一）精选课程内容

将疫情防控作为生动教材，培育学生爱党爱国爱人民的家国情怀，感受社会主义制度的优越性；培养学生的法治意识；以最美逆行者为榜样，树立为国家服务的理想；养成勤洗手、戴口罩、打喷嚏掩口鼻、不吃野味、不随地吐痰等良好习惯。让所有学生在防疫的过程中，身体不受伤害，精神受到洗礼。

课程内容主要有：（1）德育课程。防疫宣传放第一，每周观看一部影片，每天锻炼一小时，每天阅读一小时，劳动实践露一手。（2）学科课程。

低年级凸显趣味游戏化的"数学游戏、汉字文化、经典诵读",中高年级突出研究性学习的"思维训练、科学探秘、阅读作伴",以及贯穿于各年级的体、音、美、劳、心理及防疫生命教育。

(二)精设课程目标

不同学段,课程目标有所不同。低年级和中高年级的课程目标见表1。

表1 不同学段的课程目标

学段	课程类别	课程名称	目标	每节课看电子屏时间
低年级	数学	数学乐园、趣味游戏	用趣味化的游戏活动带领学生玩中学、学中思、思中悟。	不超过20分钟
	语文	汉字文化、经典诵读	从汉字基础识字、写字及绿谷读书等相关内容的读、背、默写等方面,组织活动,夯实语文素养基础。	
	英语	英语天地	从单词积累巩固夯实基础,在游戏活动中进行读、记、听的训练。	
	科学	科学探秘	在复习巩固的基础上,适当联系防疫期间居家学习、生活现状进行科学知识拓展,组织制作科学小报等。	
	音乐	音乐赏析	通过欣赏,也就是听一听、唱一唱,放松儿童身心,缓解儿童疫情期间的紧张情绪,可以通过课程教给学生借助音乐放松身心的办法,不要过多关注阅历知识教学,要采取闭眼睛等形式,减少儿童盯视电子屏的时间,避免对眼睛造成损伤。	不超过10分钟
	美术	绘画操作	复习原有绘画方法,指导儿童绘画制作,甚至可以在确保安全、材料有保证的前提下进行剪纸教学,让家长和学生一起来布置、美化居室。	

续表

学　段	课程类别	课程名称	目　标	每节课看电子屏时间
低年级	专题教育	防疫生命课	抓住这次疫情契机，让学生通过应时应景的生命教育，珍惜生命、学会生存、热爱生活、规划人生。这里有"生命与安全"，包括居家安全、校园安全与社会安全等；有"生命与健康"，包括身体健康、心理健康、社会适应能力等；有"生命与养成"，包括生活习惯、学习习惯、文明习惯等；有"生命与交往"，包括亲子沟通、同龄相伴、社交礼仪等；有"生命与职业"，包括职业准备、职业选择、职业规划等；有"生命与价值"，包括学会负责、秉持正义、超越死亡等。	不超过20分钟
中高年级	数学	思维训练、数字生活	让学生在复习巩固知识及解决问题策略的基础上，联系疫情数据、图表，了解疫情现状，从数学的角度分析、理解，让学生认识到数学对解决生活问题的作用。	不超过20分钟
中高年级	语文	字词积累、阅读作伴	从汉字基础识字、写字及绿谷读书等相关内容的读、背、默写等方面，组织活动，夯实基础。	不超过20分钟
中高年级	英语	英语天地	从单词积累巩固夯实基础，在游戏活动中进行读、记、仿写、听力训练。	不超过20分钟
中高年级	科学	科学探秘	在复习巩固的基础上，适当联系防疫期间居家学习、生活现状进行科学知识拓展，组织制作科学小报等。	不超过20分钟
中高年级	音乐	音乐赏析	通过欣赏，也就是听一听、唱一唱，放松儿童身心，缓解儿童疫情期间的紧张情绪，可以通过课程教给学生借助音乐放松身心的办法，不要过多关注阅历知识教学，要采取闭眼睛等形式，减少儿童盯视电子屏的时间，避免对眼睛造成损伤。	不超过10分钟

续表

学 段	课程类别	课程名称	目 标	每节课看电子屏时间
中高年级	美术	绘画操作	复习原有绘画方法，指导儿童绘画制作，甚至可以在确保安全、材料有保证的前提下进行剪纸教学，让家长和学生一起来布置、美化居室。	不超过10分钟
	专题教育	防疫生命课	抓住这次疫情契机，让学生通过应时应景的生命教育，珍惜生命、学会生存、热爱生活、规划人生。这里有"生命与安全"，包括居家安全、校园安全与社会安全等；有"生命与健康"，包括身体健康、心理健康、社会适应能力等；有"生命与养成"，包括生活习惯、学习习惯、文明习惯等；有"生命与交往"，包括亲子沟通、同龄相伴、社交礼仪等；有"生命与职业"，包括职业准备、职业选择、职业规划等；有"生命与价值"，包括学会负责、秉持正义、超越死亡等。	不超过20分钟
	道德与法治	法治生活	首先完成教研员布置的各年级实践活动任务；然后在复习旧知的基础之上，借助防疫的要求，理解法治在解决社会问题中的必要性。	不超过20分钟

二、组建线上快乐班级，为"互动"搭设平台

（一）充分调研

（1）召开教研会，听取教师们的意见。教师们认为需要采取班级授课制，这样对自己班级的学生指导起来更有针对性，利用软件平台直面学生能解决共性问题和重点问题的指导问题。

（2）班级问卷调查。了解学生家庭设备条件和参加意愿，所有家庭均表示有设备能参与，99.7%的家长认为孩子的学习很重要，孩子小，没有学习的自觉性，需要老师的监督，如果让孩子太久没有上课的感觉，这段时间的学习效果就会不好，返校复课后也更难适应学习状态。但家长们也对孩子视力可能受到的影响表示担忧，个别家长对自己的家庭困难提出特别需求。

（二）整体规定

为保护学生视力和为家长提供便利，我们提出线上学习"三控制"规定。

一是控制学科使用次数，线下为主、线上为辅，五大主学科每周1～2次，科任学科两周最多一次。

二是控制每节课使用时长为10～20分钟，课后组织集体远眺，每天线上总时长不超过60分钟，并确保学生每天一小时的体育锻炼。

三是控制下发任务的时间：由班主任统筹每日学习任务，统一提前一天晚上7:30—8:00在各班唯一推送资料的班级群集中下发"每日作息任务单"，在任务单中标明学生的学习方式，让每个学生对直播课堂学习的时间清晰明了。

（三）全员培训

我们选取了学生能独立操作的"开会宝云会议"软件来进行集中指导答疑，软件能满足资源推送，能进行展示交流，能师生、生生对话。学生端操作极其简单，只需登陆无需任何操作，所有操作均由教师端完成。

我们以"信息技术专项培训"课程建设，通过前后三轮人人过关的方式进行教师培训；通过晚上家长下班后的居家时间组织"微信＋开会宝云会议"的方式，把已有线上班级和新建线上课堂相结合进行操作学习方式培训，确保每个家庭、每台设备都能参与线上互相交流式学习。

通过多轮测试，师、生、家长都能熟练掌握软件操作方式，为在线学习做好了准备。

三、创建快乐教研小组，为"互动"做好设计

早教研、建共识。学校对**教师**提出"四早三下功夫"的明确要求，即：

早准备、早行动、早渗透、早铺垫，在充分备课方面下足功夫，在内容选择、方法运用、教学组织、练习形式方面下足功夫，在课后评价、个别指导方面下足功夫。

首先，充分发挥学科组长、骨干教师的示范带动作用，实行集体备课，做好月规划、周计划、日安排。骨干教师能够自信地对青年教师说"请你像我这样做"。为了提高教师研究的积极性，我们通过公众号对各学科教研情况进行推广宣传，极大地促进了教师教研的积极性。

其次，学科组长提前一周上交周方案，由教务处审核后实施。

再次，教师因"情"施教，一个都不能少。任课教师逐一评判学习单，每个班配备一名纪律教师，负责督查学生线上学习参与情况，记录考勤表，辅助任课教师对学困生追踪指导。

最后，行政领导"三包"，助教跟踪监督。将领导、助教发现的问题当天反馈给任课教师，周五集中教研，反思经验问题。通过总结经验，查找问题，商讨改进，在不断改进中提高育人效率。

四、扩建居家乐学途径，为"互动"拓宽渠道

（一）创建融合式教学模式

根据各个年级学生年龄特点和学科特点，借助软件选取合适的"师生异地网络课程"实施方式，如"自主学习课""教师导学课""练习测试课""疑难解答课""倾听鉴赏课"等，形式多样，可自选。

（1）自主学习课。自主学习的目标是提前了解学生前期的知识基础和生活经验，通过预习指导让学生学会自主学习，根据学生反馈情况在线上课堂有针对性地集中教学指导。具体过程：①教师将自主学习任务单通过软件共享给学生。自主学习任务单命名为"内容任务＋×日×点之前完成"。②学生在规定时间内完成预习，通过网络技术上交。③教师根据自主学习任务单完成情况，评价学生的自主学习效果。④根据学生情况进行软件对话指导，通过课后作业答题卡巩固提高。

（2）教师导学课。教师导学课的目标是通过线上集中教学的方式组织师

生、生生交流互动研讨，把文字式的学习与口头语言表达式学习相结合，交流展示成果，激发学习兴趣。以"五个一"德育课程为统领，开展了"凝聚正能量，同心抗疫情""党团队携手，家校共参与""我是领读者"等八项主题实践活动。学生居家锻炼视频被"北京体育教研"公众号推送，体育锻炼成果被"平谷教育"公众号推送。具体过程：①教师提前一天上传授课资料，为导学做好准备。②教师在家进入上课模式导学，通过指导学生复习、指导学生学习推送的资料、师生互动交流、学生答题训练、集中答疑、检测评价等形式进行导学。③学生观看教师推送的各项资源进行学习，积极参与互动活动，主动质疑提问，认真巩固强化所学内容。

（3）练习测试课。① 教师制作答题卡推送练习/测试试题。练习/测试试题可以以文档或拍照的方式自愿上传。②学生在规定时间内完成练习/测试题，反馈给教师。③教师批改答题卡，并反馈给学生。

（4）疑难解答课。①教师汇总作业情况，将错误率较高的题通过讲授或微课的形式，对学生进行集中纠错指导。②学生查看自己错误的题，若有不清楚的可查看微课进行补漏，若查看微课后仍有疑问，可以通过"集中答疑时间"向教师提出问题。

所有学习任务根据学生情况分层设计，根据家长的具体情况、家长的要求针对性区别对待，方式灵活的情况下关注到每一个人。科任学科原则上不布置作业，一些实践性、拓展性活动作品，如果学生有意愿上交，也要做到每周不超过一次。上交时间为周六日，避免给家长造成困扰。

（二）精选线上互动教学内容

出于对学生用眼的保护，我们要求在线学习要少而精，坚持非必要不用的原则，内容选取精准定位。

（1）不同内容的起始课。我们在围绕复习巩固知识、研究性学习、阅读经典文学作品，以及防疫生命教育等在内的网上学习资源的要求，依据各学科教研员给出的指导意见安排内容设计方案中发现：对复习巩固知识来说，可以采取玩游戏的方式，也可以采取试卷答题的方式，还可以采取让学生画思维导图的形式，但都需要让学生明白任务要求；对研究性学习来说，需要指导具体的研究方法和策略；经典诵读里面的成语故事、谚语、整本书阅读等都需要教师导读……也就是"每种内容和形式的起始课"最好通过直播让学生了解并掌握每种内容的基本学习方法策略，才有居家自学的方法，日后同样的内容可逐步从线上过渡到线下，最终实现二者相结合的模式。

（2）特殊任务的指导课。有些特殊的学习内容也需要线上集中指导。比如，英语的听力训练和阅读指导课，无论是听的材料还是听的方法，线上指导都是必要的。数学"图形与几何"领域中，图形的运动包括平移、旋转，平面图形的面积和体积的联系等内容，"统计与概率"领域中，数据的整理过程与方法的复习，需要过程性细节指导较多。语文的背诵等课型需要指导。科学复习中采取的思维导图整理法，道德与法治中关于识图方法的指导等都需要线上集中指导。一些特殊教学内容的指导课也需要在线指导学习。比如，六年级可以以疫情为契机，将每天新闻发布的各省疫情图作为导入点，如以湖北行政区划为中心，结合地图，让学生对行政区域数量、名称、识图方向、相邻区域等基础识图知识进行复习。

（3）学生作业的评价课。为了培养学生的学科素养，线下不同学科的教师给学生布置了丰富多彩的实践任务，比如，写字、字词分类整理、写话训练、阅读绘本、数学游戏、各学科知识整理思维导图、手抄报、单项赛等。学生的完成情况不同，但有时却存在相同的问题，有些任务学生完成后只限于知识层面的认识，需要教师就方法给予指导，也需要面向全体学生做线上指导。比如，六年级复习"统计与概率"数据的整理方法时，常常有学生在数据整理时出现错误，只有在集体交流中才能发现学生无序整理的根本错因，教师才能指导学生在分类的基础上按行列有序整理的方法来确保数据准确、无误。

（4）学习质量的测评课。关于质量测评，现在最大的问题是学生检测情况的真实性。所以，我们努力研究利用线上的形式进行测评。比如，对于听写、限时的看拼音写词语和答题、闭着眼睛背诵、读书交流，可采取学生结成学习对子互相检查、组建学习竞赛小组，也可采取教师随时检查学生是否独立完成等形式进行质量测评。

五、积累融合教学策略，提升"互动"学习实效

（一）精研线上互动教学策略

（1）巧用时间。学校要求每次集中上线不能超过10～20分钟，因此很多教师利用每节课课前5分钟学生陆续进入的等待时间进行一对一提问，复习课前任务单知识，既测试了学生的设备，又提前检查了部分学生的学习效果。答疑时随时点学生回答问题（难题点优生，简单题点中等生，并让学困生重复答），检查学生是否认真听讲，提升师生互动效果。课后留部分学困生答疑，打开他们的摄像头并让他们闭眼，教师进行提问检查、反馈，进而提升线上学习效率。

（2）巧用资源。把优秀家长的经验和优秀学生的作品作为教学资源，极大地激发了学生线上学习的积极性。学校鼓励大家都来当"老师"，家长制作视频短片无偿分享育儿方法，学生展示自己的自律、自理、自读一日生活，展示自己的作品。教师既可以自己创意录制大量的趣味游戏微课，还可以请有能力、有意愿的家长和学生录制微课内容。各个学科的亲子学习游戏展现了家长的无限创意，这样的线上教学资源备受学生喜欢。比如，英语亲子游戏、数学趣味游戏，我们会邀请家长和学生共同录制微课。这种方式首先可以增强亲子互动，锻炼学生的表达能力，像小老师一样组织语言；其次能够说明游戏的规则，很好地起到示范作用；最后，疫情以来学生们彼此之间会非常想念，能够看到同学作为小老师出现在屏幕里，一定会非常高兴且新奇。

（3）巧用媒介。为满足学生学习过程中的成就感和自信心，利用网络组织竞赛活动、下发电子奖状，激励效果会更好。

（二）精研线上互动教学管理

（1）行政督导。行政领导定班、定师、定特殊生，实时跟踪指导。比如，纪律管理和按时上线问题，大家共同研讨开展多项评价，建立多个班委，分别对按时上线、上交任务单情况进行星级评价积分。有些父母工作比较忙，给孩子提供了设备，但孩子不听从老人的教育；有些父母自己也管束不了孩子，孩子自律性差。带班领导给这样的学生开"小课"，通过感情交

流、打气鼓劲来激发学生的斗志,慢慢地也就有了效果。

（2）教研引导。学科年级组每周不定时召开教研活动,集中交流设计目标的达成率与问题出现的原因,探寻解决问题的方法。每周五下午集中网络教研,交流反思,商讨改进。

（3）问卷调研。我们发起了学校在线学习情况调研,各班家长满意率均在97%以上,也有家长给老师们提出建议:让老师增加线上集中指导的次数、在指导的时候希望听声见人、课上点名时最好随机抽查,这样能让孩子时刻处于督查中,提高注意力等,家校携手共育效果明显。

疫情组织学生居家学习期间,"争取零感染,确保高质量,激发家国情"三大重点工作稳步进行,从容开展,才能稳住学生,赢得家长。

疫情引发的教师专业发展契机及管理应对

北京市第十八中学附属实验小学　刘静

作为一名教学干部,我参加过多次的教学管理培训,聆听过众多知名专家、校长的讲座,参观、走进过多地特色学校,也了解、领略过优秀教师团队的风采。这些都曾让我感慨、激动,或若有所悟或醍醐灌顶,总觉得能从他们的引领与经验中学到更前沿的理念与方法,解决实际工作中的种种难题。我不光能为学校的发展出一份力,还能把本职工作干得更彰显品质。

但我总觉得,这学以致用从"学"到"用"似乎还差了点什么。由于条件不同、境遇不同、校情不同,很多方法并未奏效,很多教学管理工作中的问题也没有得到有效解决,课堂教学改革、教学研修活动往往推进艰难或流于形式,各种名目的工作任务也常常压得老师们叫苦不迭,我也时常怀有"道阻且长"的无奈。2020年初,一场突如其来的疫情,在带着我们猝不及防地踏上了一场说走就走的"延学"之旅的同时,也让我对学校教学管理工作有了新的思考与畅想。冥冥中,我似乎看到了推动师生前行的那些源动能。

本次疫情对教育的冲击,是我们始料未及的。针对如何在如此严峻的形势下开展线上教育教学活动,虽然很多专家、学者和名师都给出了相应的方案,但这些理念和方法是否真的适合疫情背景只能靠实践检验了。作为教学干部,我们应该如何打好这场"战役",导好这次"旅程"呢?用爱与力量,携手教师、家长共同守护幼小心灵的健康与期许成了摆在我们面前的课题。

一、线上学习需求,激发教师新媒体运用技术提升的源动能

不得已而为之的线上学习,迫使教师们升级了自己的"技能包"。为方

便学生、家长的操作，我们要求每个班的各科教师尽量使用同一款线上互动、反馈软件。这时就需要各科教师结合所教学生年龄段特点和其他学科教师共同商讨，提前测试软件的性能与实际需求的匹配度，达成一致意见后，对每个学生的学习时长和互动频次等进行追踪。平日里，很多教师懈怠于研究新媒体教学工具，而这次线上辅导却成了我们小学教师信息化素养的"练兵场"。"被迫出道"的教师们为了达到辅导、反馈作业的目标，主动站在了线上辅导教学的起点，为保障辅导效果练就了新媒体教学的"十八般武艺"，寻找着最便捷的互动途径。很多教师惊喜地发现，在之前教室中很少用的希沃软件居然这么便捷与强大！钉钉、ClassIn、录屏软件、石墨、微信小程序等居然有这么多的教学功能！这显然比之前用学分、考勤捆绑着教师们去参加计算机培训的效果要好上数倍，真正将被培训变成了基于需求的"我要学习"。原来懈怠于新媒体教学的教师也借此机会提升了信息化素养，站在了新媒体教学的新起点。

可想而知，在今后的教学中，新媒体工具不再只是教室中鸡肋般的"点缀"，有了"网感"的教师们可以翻出新花样，让传统课堂变得更有趣。在人工智能发展、5G逐渐普及的大趋势下，一次疫情期间的线上学习正是对教师新媒体运用能力的倒逼。疫情虽然给教师们带来诸多困难，但这段特殊的教学辅导经历也给了我们很多新的思考，或许这也正是教学管理工作方式改革的一个契机。

在线教学过程中，绝大部分的教学行为、学习过程、学习成果等都会以数字化的形式呈现，它们具有零散性、互动性、真实性和过程性的特点，需要通过一定的方法有效挖掘、编辑、整合，才能在线得以有效实施。

针对本次疫情，我们指导教师结合区教研室各学科教学指导建议，以及本校学情、特色，结合小学阶段学生年龄特点、心理特点，梳理学科资源，收集整理图片、文字、影音等教学素材，旨在通过直观、形象、有趣的线上学习内容激发学生的学习兴趣。

（一）挖掘资源

在线教学促进了生成性资源的挖掘、整合，我们在学校层面形成了资源库，打包下发给各学科教师，同时为营造教研环境提供了新路径。各年级组、学科组教师在网络教研时，做到选择、挖掘资源有预设。这样在开展教学前，对于收集什么资源、用什么样的策略收集、要收集该资源的哪些方面信息，就能做到有的放矢。

（二）加工资源

各个学科教师整理每周的学习内容，将资源链接、录屏课例、PPT、图片、音频等丰富多彩的学习资源进行精致加工，或制成可观摩的视频课例，或编辑成图文并茂的 PPT，或制成任务清晰的项目学习任务单等，驱动学生形成对学习目标产生兴趣的学习动力。教师们将这些加工后的资源设计成"大礼包"每周推荐给学生，同时形成各年级、各学科的线上资源课程库。同时也会将中国教育网络电视台 CETV4《同上一堂课》、北京歌华有线"空中课堂"直播课程资源推荐给学生，供学生自主、自愿选择学习。

（三）利用资源

疫情期间，鼓励教师利用已有经验、平时教学中已熟练掌握的信息技术技能与学生跨域互动，在线答疑、辅导。结合教育部教师信息技术应用能力提升工程项目所学到的东西，鼓励学生构建学习共同体，交流、互助、反馈、评价，自主选择学习内容，自主安排交流学习时间，自主完成项目学习任务，共同解决问题，将自主学习进行到底。

反观这样的现象，也引发我们对真正基于教师需求的校本研修内容设计的思考。

二、线上互动需求，激发师生共同体建设深度推进的源动能

教研活动是教师共同体的主要形式之一，以往常常流于形式或浮于表面，这种现象成为教学管理中的另一鸡肋般的表现。教师们往往由于各种原因，不能全身心地投入到教学研修中，即使教学处设计了专门的教研时间、课改研修主题，并努力为大家排除一切干扰，也会有部分教师被动地度过这段时间。他们或是边听主讲发言边批改作业，或是人在形散，干着其他杂事的同时敷衍地聊上几句。真正基于教学需求，而又收获良多的教研活动不

多。而学生共同体推进也仅限于教室物理环境的设置以及课堂中的小组合作学习的层面,出现师生共同体建设推进动能不足的局面。

然而,疫情期间,基于教师共同的目标和兴趣自主开启的教师共同体,使我看到了旨在通过达成学习目标、解决教学问题、分享经验成果的合作性对话,呈现了教师共同体的实践性、研究性、专业性、合作性和开放性特点。教师们既能及时发现教育教学中存在的问题,又能群策群力研究并解决这些问题。线上的教师共同体交流化无形为有形,打破时间、空间与地域的束缚与限制,成为教师教学、研究和学习的专业生活方式的载体。同时,也促进了教师教育责任的延伸,而这其中最受益的莫过于隔空居家的学生群体。例如,疫情期间,为了让学生的居家学习既有趣又轻松,且高效,各教研组、年级组研究、制定学生居家自主学习的内容与方法,力求营造更加贴心、更加精准、更有温度的线上共同体。

(一)教师研修共同体,设计精准的学习任务

居家学习期间,学校77名学科教师结成了17个在线教研共同体,依据学生实际情况,着力研究跨学科和学段的联动,实现精准化任务减负。

例如,在音乐学习的内容设计中,教师们将音乐与语文、韵语课程联动,抓住"古诗新唱"这一突破口,将音乐鉴赏、演唱能力的训练与语文学科的古诗文背诵以及韵语识字活动的古诗阅读相结合,先梳理出各年级学生本学年应掌握的古诗篇目,再指导学生用经典传唱的方式熟悉古诗内容,感悟诗词意境。将原本需要各自布置的任务用学生更加喜欢的形式综合起来,低年级学生一边进行朗朗上口的吟唱,一边配上简单的手指舞蹈辅助理解古诗的意思;中年级学生在吟唱的基础上,还使用身边的乐器配合古诗进行编曲、对古诗作者和内容进行诗配画;高年级学生在理解作者表达情感的基础上,将古诗制作成易懂的视频,配合舞蹈展现诗韵之美。这样既实现了跨学科联动,让古诗文的学习更加生动有趣,又充分体现了精准减负的居家学习指导主旨。

这样跨学科跨学段的精准化任务,符合学科素养培养要求,引起了学生的兴趣,适合居家学习条件下开展,且任务明确、有章可循、贴合生活实际、有自主发挥空间,充分调动了学生的学习热情,提高了居家自学的实

效。教师们的教研共同体让集体的智慧得到发挥，为指导学生的自主学习提供了保障。

（二）师生线上共同体，传递隔而不离的温暖，实现高效互学

学生居家学习失去了每天在学校和同学们面对面互动交流的机会，难以像以往那样及时得到老师、同伴的指导和帮助。我们组织的线上共同体学习小组旨在以生生互评、教师评价，以及亲子活动中家长对孩子表现的评价等，让同学们定期交流学习成果、探讨问题，彼此分享自己的生活，交流困惑、倾诉烦恼。教师会对共同体内学生自评、互评活动给予及时的评价与反馈，进一步拉近了师生之间、生生之间的情感距离，实现隔空不隔爱，形成有温度的线上共同体，实现高效互学。

以四年级至六年级为例，18个班502名学生，共建立了112个学习共同体小组。学生们开展了共同体整体阅读活动，有了明确的读书目标，共同体规划安排各项读书任务，使读书有秩序地进行，对培养良好的读书习惯大有帮助。在相互讨论中，优秀学生的学习优势及领导作用得到了充分发挥，稍弱一些的学生自信心也在这种氛围中树立了起来。在完成阅读任务的过程中，擅长美术的、擅长使用电脑的、擅长文字表述的学生分别从各自的领域提出自己的看法，从不同方面增强了学生的自信心，特别是平时讨论中不怎么参与表达的学生有了展示自己的机会。

还有的学生自主发起了"乐学直播间"活动。几个要好的同学自己做"主播"，跟大家分享所学所见，这样既可提高学生的表达能力，又能提高他们的学习积极性，在自主学习中快乐分享。学生们把"快乐学习，开心分享"作为口号，这样的活动也给他们带来很多收获：一是快乐学习成了他们自己的事，更加积极、主动；二是把自己学到的知识重新整理与大家分享，让知识更加牢固；三是学会分享，"拿来"变成了"共享"，大家乐在其中；四是锻炼了语言表达能力、组织能力；五是换位思考，亲身体会到了老师的辛苦。

三、线上学习课程，激发教师转变观念创新教学方法的源动能

居家学习期间，各级教育部门集中力量，为全国的师生们提供了丰富多彩的线上课程，这些课程均为由高级别的优秀教师团队研磨、打造的优秀课例。本次疫情期间，师生们也享受了一场盛大的课程盛宴。这些课程从理念、过程、方法、目标培养等方面都给予教师们教学理念前沿的引领效应。而且课程资源可以重复、自主随时播放的特点，更是给师生们创造了可以静下心来反复、深入学习和思考的条件。

课改理念带来的实实在在的效果让教师们陷入思考。例如，基于大概念背景下的单元主题教学，以前大家也许只是停留在理念认知层面，或进行一次比赛或一次说课的初步实践，而现在，则是真正跟着名师手把手地学习如何把它落实在每一节课、每一个单元内容中，切实体会这样课改的妙处与效果。从很多教师的言谈、教学研讨和教学案例中不难发现，大家正在不知不觉地发生着转变。

例如，疫情期间，语文组教师就做了有效的尝试：教师们着力培养学生的自主学习能力，将学科知识的学习和疫情防控教育结合起来，以"线下自主学习+网上团队交流+教师、家长及时沟通指导"的方式，为学生设计有趣味、有意义的学习活动，从而激发学生的学习动力，提高居家自学的能力和实效。他们以学习者为中心，基于具体学情分层设计目标、提供学习支架、关注学习能力的培养、争取家长参与共同教育的设计理念，以及学生在具体实践中锻炼的合作能力、创新思维能力，增强学生对中华民族文化与精神的认同感。

兼顾"自主"与"合作"的学法指导。通过项目式的活动设计，组织学生建立了彼此相互了解和共同解决问题的共同体，指导学生在自学基础上进行团队中的倾听、自省、表达，并借助线上线下各种资源进行学习，建立起各学习者之间、学习者与社会学习资源之间的联系。

疫情期间的线上课程学习虽是无奈之举，但此过程中衍生的教育教学现象也引发了一些思考：作为一名教学干部，如何借助此次疫情引发的线上教学契机，整合线上、线下教学优势，快速迭代，不断变革、改进教学管理工作方式，激发师生的源动能，将是摆在我们面前的崭新课题。

以学习者为中心的互联网教育教学实践

北京市海淀区第二实验小学 杨宏

今天你想什么,明天就关注什么。互联网对人智慧的影响超出大家的想象。抗击疫情是一个特殊的教育场,海淀区第二实验小学(以下简称"海淀实验二小")在严格遵守教育部要求的前提下,在疫情期间尝试多样性探索,开展了形式多样的以学习者为中心的网络教育,老师和学生都得到了意外的成长和收获。

一、主题活动广泛开展

每个困惑的背后,都隐藏着破局的机会。这些年,市、区教育网络平台开展的"德育假期实践""心理征文""网上祭扫"等德育活动,学校都积极组织学生参加。而以网络为主阵地,独立开展主题教育实践活动,学校尚缺少经验。学校在此复杂环境下进行了互联网教育实践的探索。

(一)有仪式的"开学典礼"

2020年2月17日,本应该是开学的日子,往年,全体师生会集结在大操场,举行隆重的开学典礼。然而,这一切被突如其来的疫情按下了"暂停键"。虽然开学的日期延迟了,但是这一天的早晨,海淀实验二小的师生共同高唱国歌,以"怀揣感恩之心,在战'疫'中成长"为主题的教育活动通过网络隆重举行。校党委书记和校长的期望、同学们的心声、亲切的手语歌激人奋进,"停课不停学,停课不停成长",我们爱小家,我们更爱中国这个大家。虽然大家不能到校,但丝毫不影响浓浓的师生情、家校情、同学情。

（二）有色彩的"艺术书画展"

2020年的寒假是一个特殊的假期，2月5日，学校举办的"隔离疫情，不隔离爱"学生艺术书画展在网上如火如荼地开始了。学生们用精美的书画作品来表达对一线白衣天使、前方工作人员的敬意。3月7日，在美术组老师的带领下，学生们充分发挥想象，共同参与完成了以"我和加加'艺'同战斗"为题的漫画作品展。作品中，学生们以自己最熟悉的学校吉祥物"加加"为原型，进行四格漫画创作，并在微信平台进行分享。一幅幅漫画让我们感到了前所未有的融融暖意和无坚不摧的力量。部分优秀作品更是在央视少儿频道播出。

（三）有声音的"歌手大奖赛"

"校园歌手大赛，相约嗨起来"，在音乐老师优美动听的示范演唱中拉开了序幕。突如其来的疫情阻碍了我们的开学脚步，但是阻挡不了学生们追求美和热爱生活的热情。在家里他们也能参加学校的歌手大赛，展示爱好特长，展现当今少年的风采，凡是热爱音乐、喜欢唱歌的学生都可以自愿参加。学生们先在网络平台进行风采展示，经过海选，演唱优秀后再上交作品，在学校进行决赛展演，通过活动，热爱音乐的学生们用悠扬的歌声表达了对美好未来的畅想。合唱团的孩子们还克服困难，参加了北京市文联公益歌曲《爱是桥梁》的MV录制。

（四）有乐趣的"宅家抗疫活动"

放假前，学校少工委刚刚成立，就在假期发挥了巨大的作用。"争做健康小卫士""争做健身小达人""争做温暖小厨师"活动，在老师、家长和队员的共同商议下开展得有声有色。宣传防疫知识，分享健身心得，展示精湛厨艺，每个中队的队员在辅导员老师的带领下将视频、照片、美文分享到学校微信平台和博客中。许多中队的队员全员参与，为了展示更多的成果，小编辑不得不以拼图的形式进行网络分享。

二、学科教学师生互动

在全民网课的日子里,对于如何做"主播"并没有让老师们感到无序和慌乱。春节期间,学校就开始针对可能会出现的"延期开学"情况,进行教学计划安排和课程方案设计了。

(一)巧用平台

"停课不停学"到底学什么?居家学习如何科学合理地进行课程设置,让学生快捷而有效地学习呢?隔空教学如何体现教师的指导作用?居家学习这一特定学习环境使网上学习成为必然的选择。在制订课程计划的时候,学校就考虑到各个互联网平台纷繁复杂,各种链接信息难以预料。这些不确定因素都会给学生的学习带来很大的干扰。学校的学习通平台是学生平时阅读、分享的常用平台,两年前就开始使用,师生、家长都非常熟悉。结合网上学习要求,学校和平台工程师共同进行研讨,遵循最大限度便于操作的原则,将课程内容、必要的链接、讨论区等全部整合到这个平台上,预防了市区教育平台开课后产生拥挤的问题。干净的学习环境、清晰的板块、明确的任务和精选的资源,为学生居家学习提供了优质的学习氛围保障。

(二)优选课程

"停课不停学"要求学新的知识,不把网上学习作为唯一的方式,要强化教师的指导。学校严格落实"1+2+N"的模式,一方面,选择市、区教育部门开放的线上授课平台资源,尤其是"空中课堂"提供的优质课程资源;另一方面,各学科也开发了具有学科特点、体现学校"验问"特色、培养思维能力和探究精神的学科课程资源、融合资源。学校多次召开线上教师培训会和沟通会,分组研讨课程内容,确定授课方式。结合课程特点,学校还安排了线上辅导和答疑,以保证各类课程在特殊时期授课的实效性。

(三)克服困难

线上学习首先面临两个困难:一个困难来自教师。全校113个教学班,涉及300余名教师。教师的培训怎么办?学科间、年级间的差异如何解决?学校行政领导下沉到各年级组、各教研组,在全校统一管理的同时,各学科、各年级通过腾讯会议平台进行培训和研讨，使问题逐一得到解决。另一个困难来自学生家庭，即上网时间问题。为了控制学生上网时间，不给家长增加困难，学校采取了线上和线下学习相结合的方式，教师线上辅导为辅，学生线下自主学习为主，关注趣味性、开放性和探究性，特别关注了低年级学生的学习情况，并做出针对性的指导。

（四）坚持自主

网络学习每天占用的时间并不长。按照课表安排，学生更多时间是在自主学习中度过的，比如，低年级数学课中七巧板的亲手体验，中年级英语课的沙拉制作，高年级拓展课的小课题研究等，每一个主题设计都给予了学生充足的动手和动脑的空间。同时，音乐、科学学科还为学生提供了歌手大奖赛、大师音乐课、科学建议和科学创新等特长发展的课程内容。停课不停学期间，各学科教师都是通过互联网引导学生自主阅读、自主锻炼、自主劳动、自主探究，实现有价值的自主成长。

三、家校共育有声有色

我们避免不了灾难，却能做好自己。在这次疫情中，学校抓住时机携手家长，共同成长。

（一）亲子互动

在与孩子朝夕相处的假期中，宝贝儿子、乖乖女儿变成了"小神兽"，家长焦虑的心情、无措的举止可想而知。学校一定要帮助家长走出困境。学校通过网络，宣传战斗在抗疫一线的家长事迹，鼓励孩子向身边的家长学习；并在3月初通过网络开展了"爱心月"活动，鼓励孩子替父母分担家务，争当"家务小能手""温暖小厨师"。在互助和学习的过程中，家长和孩子拉近了心灵的距离，孩子的变化让家长感到欣慰。心理老师的亲子互动游戏，让家长和孩子尝试着用另一种方法进行相处和沟通。我们将家长对孩子自豪的点评、精准的建议展示在学校公众号上，精准的点赞是孩子成长道路上的最好助力。

（二）心理辅导

疫情期间，学校非常重视学生的身心健康发展情况，在课程安排中专门开设了心康体健的内容，其中包括引导学生放松心情的亲子游戏、遇到困难后解决问题的思考办法、放松心情的心理小故事等。学校还面向全体学生和家长开设了"心理加油站"，由心理老师进行线上指导和答疑。学校还向家长特别推荐了心理专家刘丽萍老师的公益性心理讲座，为家长解决疫情期间的教育困惑，优化了亲子关系。

（三）互动班会

学生和老师已经有近两个月没见面了，每个人到底是个什么样的状态呢？

经过前期周密的计划和准备，学校每个班都利用腾讯会议平台召开了网络视频班会。全班四十几个人如何有序发言？选择什么班会主题？如何在短短的40分钟内说出自己想说的话？网络班会不同于现场活动，学校在做好预案的前提下，分三个批次完成这项工作，边示范、边总结、边调整，每个班都有不同的话题，每个班都有不同的重点，结果是每个班都呈现出大大的惊喜。老师通过班会看到了学生们的成长和进步，学生通过班会相互鼓励、相互了解，真正实现了"隔山隔水不隔情"的沟通。

（四）家长教师

家长们拥有的人生阅历、思考认识，已经成为学校的教育资源。疫情期间，学校邀请家长教师走进海淀实验二小网络课堂，以PPT录屏、录音、录像等方式为学生进行网络授课。授课内容包括科技创新、传统文化、积极心理等方面。家长在传授知识的同时，也实践和分享了教育的过程和心得。家长教师资源丰富，未来将与学校的教育教学形成合力，共同促进学生的可持续发展，实现家校共育共同体。

三、网络平台引领带动

（一）宣传是桥梁

在学校微信公众号上，我们惊喜地看到海淀实验二小的学生不仅仅是在家安心读书的好学生，还是心系家国的好公民。在家长和教师的引导下，知道"我与祖国的命运正紧紧联系在一起"。精美的艺术书画展、情感真挚的感谢信、精心制作的祝福小视频，都让老师们感到学生对国家的热爱、对生活的热爱。自2022年1月22日开始，截至8月28日，学校公众号累计推送各类活动和报道200余篇，累计阅读量达16万人次。

（二）平台促成长

疫情期间，学校互联网平台的使用和选择，都是从学生的需求出发，重实效性，呈多样化。学校的宣传工作在此过程中起着非常重要的作用，特别是在学校的公众号上，每日1～3篇的推文，不仅有政策宣传，还有科学普及、学生活动、学习资源等内容，像是一门课程——一门价值观课程，一门宣传正知、正见的德育课程，一门在特殊时期的公民教育课程。我们通过及时的报道为教师们鼓劲儿，向家长们发声，给学生们示范。通过网络平台的及时宣传，就像为教师、学生、家长打开了一扇窗，让大家彼此遇见，并能够沟通和交流。

推动学校智能化发展势在必行，疫情期间，除了教育本身、人才培养、教育管理、课程编制、学校形态等更多的问题都值得我们深入思考。对于未来教育、未来学校的转型需求，在特殊时期更加明显，也给了教育改革更大的动力。追求以学习者为中心，促进其全面发展，是海淀实验二小美好的教育追求。